luminosity

luminosity luminosity luminosity
luminosity luminosity luminosity luminosity
luminosity luminosity luminosity luminosity
luminosity luminosity luminosity luminosity
luminosity luminosity luminosity luminosity
luminosity luminosity luminosity luminosity
luminosity luminosity luminosity luminosity
luminosity luminosity luminosity luminosity

luminosity

luminosity

與菩薩對話 6
願心願行

暢銷作家 黃子容 著

一個人有願，就有了心，
有了心，就有了行，
只要有願心願行，
面對什麼困難都不怕了。

面對未來，你有菩薩陪著，
喜怒哀樂，都是安心的、平靜的，
因為你知道，菩薩與你同在。

願心願行

黃子容

《與菩薩對話》系列書籍，已經出版到了第六集，許多人參加與菩薩對話時，都獲益良多，尤其每年法會時，我們都有機會可以跟眾神菩薩對話，得到許多新知識，也從菩薩對話當中，了解到生活的真實意義，以及修行真正的態度。

在與菩薩對話中，常常看見有人為了自己的修行方法而努力，有人為了生活與心靈當中的安定，而來與菩薩對話座談會中尋求答案，希望能為自己的生活，帶來更多的智慧與安定。

有一次法會中，來到座談會現場的，有南無大慈大悲救苦救難的普陀山南海觀世音菩薩，還有南無藥師琉璃光如來，還有普賢菩薩、文殊師利菩薩、財神爺，一起到現場為大家祝福加持，大家心中會有所感受。

在那場法會中，我告訴大家，你可以告訴菩薩你叫什麼名字，請求菩薩給予你更多的智慧，讓你能夠化解當今現在人生的困境。

菩薩可以感應到大家的問題，所以你可以把你人生所需要的、遇到的課題告訴菩薩，請求菩薩給予你大智慧，能夠讓你有能力、有勇氣可以解決問題。

誠心的祈求，可以為你帶來更多的好運。

菩薩一直聆聽著大家的需求、大家的困擾、大家的祈求，菩薩從心底一直都陪伴著各位、陪伴著大家度過無數的人生難關。不管你遇到的困境有多麼的困難，菩薩永遠都在心中幫助著大家，只要你的力量是堅定的，你的心念是正向的，你有足夠的勇氣，菩薩絕對會賜給你足夠的智慧去面對這些困境。

所以，從心開始出發，從心底開始澈底的想要做改變，你的人生會不一樣。

有了心念，便要轉動這些心念，化成執行力，讓你的人生更好。

只要你有勇氣，只要你夠勇敢，菩薩會在你的身邊，給予你祝福，給予你保護，給予你護佑，讓你能夠安定心靈，快樂自在。

那一次的座談會中，菩薩說，批流年是為了安心；沒有批，也不要心不安。

批流年是告訴你人生可以依循的方向。

有沒有批到，其實都不需要太過於執著。

有批到，是一種祝福。就算沒有批到，菩薩認為你也會為了自己而努力。

不管你有沒有登記到財神爺的場次，都有神的祝福，你可以得到被祝福的感應力。希望有一天你可以行有餘力，得到幫助之後，幫助更多的人。

也許你不需要靠財神爺的幫助，你也可以靠自己一步一腳印的把事情做好，把事業顧好，你一樣會得到財神爺的眷顧。

財神爺也給予大家最多財運的祝福，但是財神爺補充：所有的財運都一定是要靠自己親自努力，不會因為你得到了財神爺加持的財運寶物，不會因為你去財神廟交換錢幣，就可以不用努力而得到財富，所有的好運與好命，其實都需要靠自己的努力去爭取。

財神爺很願意給人祝福，財神爺很願意賜財予人，但人不努力，給再多的財運都沒有用。所以，唯有你得到了這些祝福之後，信心滿滿，願意給自己更多的機會嘗試，所加持的財運才能化作具體的財。

所謂的更多機會嘗試，就是不要用「氣」來面對自己，不要用「氣」去面對別人，生氣一定會讓你失去錢財，生氣一定會讓你破財。

所以，面對別人的時候，不要生氣；面對自己的時候，不要氣自己。

這樣平穩的心情，才容易為自己帶來很平順的財運，你才會有貴人出現來幫助你，而你的貴人可能是看到你脾氣很好、很和善，都不太生氣，所以他幫了你。貴人有時候，是這樣來的。

那麼，你得到了這些場次的祝福，得到了諸神菩薩的祝福，也是一樣，當菩薩給你提點，當菩薩給你暗示，但你卻不做，你覺得「我已經有了祝福」，但不願意為自己的人生做一點小小的改變，那麼，你的人生真的是你自己的，你自己把它搞砸了，你自己有機會卻不珍惜，有機會卻不盡力，那也是你自己的人生。

沒有一尊神佛要為大家的人生負責任，只有你們自己才是要為自己的人生負責任。

有的人說：「我去參加問事，我去宮廟問事，我去辦法會，我去辦祭改，我去參加隔離冤親債主的一些掩魂儀式，我是不是就可以得到神佛菩薩的保佑？」

菩薩試問大家：有的時候前世今生所產生的因果，是誰造成的？是自己造成的！沒有任何一位菩薩可以為你去除掉這些。

為什麼你可以抽到去除冤親債主的「菩薩蓮花瓣護身法寶」？你好運，你有很多的努力在其中。

所以我們的人生，都應該要為自己而努力。

這些很早起來的同學們，他們可以任意選擇座談會場次，不用擔心。

坐在後面的同學，他們隨緣自在，也覺得不用擔心，報得到場次就報得到，報不到也沒有關係，這都是一種人生隨緣的態度。

有的積極，有的隨緣，誰都沒有錯。

因為你們在為自己人生想要的努力；也為自己人生不能要的，學習放下。

所以，每一個人在人生當中，多多少少一定都有一些成長。

有些事情是你必須要去面對的，有些事情是你必須要去經歷的，半點不由人，怨不得任何人。

而我們人生當中所產生的負面情緒、阻礙，可能都跟我們的因果有很大的關係。

我們的個性執著不變，不能接受別人的意見，不願意接受變化，可能也都跟我們前世今生有關係。

所有的問題，有因才會有果，而這些果是現在當下的你們到現在都還在承受的。不管是過去世、現在世，或者是未來，都是因為有了這個因，才種了這個果。

所以，你們在當下所做的每一件事情，務必仔細思考：你今天做的這件事情會不會影響到別人？

例如你罵了別人，你說了別人的壞話，你栽贓了某些人，或者你傷害了別人，動手、語言上、身體上暴力的對待，都可能讓別人受到傷害。

例如一個紙屑不輕易的掉出來了，你明明看見了，然後卻不把它帶走，冥冥之中，你覺得只是一片紙屑而已，又沒什麼，但是你要知道，這一片紙屑留在地上，可能等一下打掃的是一個老媽媽，她為了要撿你那個紙屑，她跌倒了，她閃到腰了，因果屬於誰？屬於丟紙屑的你。

所以上廁所的時候，沒把衛生紙丟好、亂丟，你也要承擔因果。

還有人很喜歡借坐在別人的摩托車上面喝飲料，離開的時候，把飲料空罐插在人家的摩托車置物架裡面就走了，也有人把飲料罐放在別人家的信箱上面。

所以，有的時候你隨手做的事情，都會影響到別人。

如果撿垃圾的人，他因為要撿你的垃圾，他罵了一句：「誰那麼缺德呀！」他在罵的時候，你要想到的是，你做的行為讓這個人造了口業，然後他還罵了你，你要承擔的是兩種的罪業：第一個，你害他造口業；第二個，他罵了你，你還得到他的詛咒。

所以，做一件事情要想到的是：我正在做的這件事情會不會真的害到別人？

如果你垃圾有亂丟，或者你已經做了的，趕快心生懺悔說對不起。

一年愛班每年農曆七月份、正月份辦法會，一年才兩次，即使你無法參加法會做懺悔，但是你每天回到家，日日都是一場小法會，因為你可以不斷地去懺悔你做的事情，你可以不斷地去懺悔你不夠圓滿的事情。

這是菩薩給大家的想法，希望大家都能夠從自己做起。

相信你的人生是只有你自己可以做改變的。

就算老師要幫你，你也要願意聽進老師跟你說的話。聽進去了，做了，你才能夠真正的幫到你自己。

菩薩所說的話，菩薩給予你祝福，菩薩給予你開運方法，你若不做，還是沒有辦法確實的幫到你自己。

所有的源頭，都在於你必須徹頭徹尾的願意做一個新的改變，這個改變才能產生，這個改變才會發生，這個結果才能夠趨向好運。

我們每個月都有一次大型的座談會，每一次都會有很多的同學願意花時間坐在那邊恭請菩薩，聽菩薩上課。

也許，每個月的內容都不太一樣；也許，每個月的主題都不太一樣，但是，大家願意花時間來聽菩薩講的話，願意看看書，這都是對你的人生有好的轉變的開始。

與菩薩對話，開啟了我們的靈性，喚醒了我們想要更加精進的心。

未來，我相信還有更多可以學習的課程等待著我們，如果你也想要一起精進，一起修行，一起在人間修行菩薩道，歡迎你也跟著我們一起用心學習，讓我們成就更美好的人生，成就更好的自己。

自序

願心願行　人間修行

修行靠自己

目錄

與佛菩薩對話

願心願行
人間修行

念力祈願，祈福願行

很多人說每年都會參加兩次關於一年愛班所主辦的法會，總感覺非常感動，而且參加完法會之後，對於生活以及自己人生的改變，有很大的幫助，感覺上法會的成功與參與，對大家的影響很大，尤其是法會當中，與菩薩對話的部分，對我們的生活有著深深的影響。

從法會中，與菩薩對話的部分，讓我們了解了當下努力的目標，對於生活，我們有著更多的理解與寬容；對於周遭的家人朋友們，我們有著更多的感恩，一切的改變都是好的，所以，無論如何都要參加每年過年期間的「新春祈福法會」與每年農曆七月的「超渡祈福法會」。

參加法會，除了為我們自己度化冤親債主，超薦歷代祖先、往生親人很有幫助外，最重要的是，我們運用了自己的念力及行動力，為自己祈福，為他人祈福，內心滿滿的感動，讓我們堅持做更好的自己，堅持善良，成就更美好的生活。

我們一直用我們的行動力，用一年愛班同學們的力量，在對這個社會、這個世界做一點小小的改變。

我們的法會不燒香、不燒化金紙、沒有什麼牌位、沒有什麼其他的，只唸經，就只是靠大家的念力加持，來讓這場法會變得非常殊勝，而所有的祈福，所有的超渡，都是用大家的念力來完成的。

菩薩的與會參加，都是大家的福氣。

用大家的念力來感謝菩薩，用大家的行動來感謝菩薩，完成一場很殊勝的法會，這是我們舉辦法會的目的之一。

很多人參加完法會後，都會覺得：原來我們可以有這樣的法會，它可以是沒有很多煙、不用燒很多金紙，不用花錢報名，只需要排隊，即可以進場參加的法會。

你可以自由來參加，沒有什麼限制，唯一的限制，就是當天的法會，可能要

求你穿紅色或白色的衣服進場，每次法會的規定都不太一樣，非常歡迎大家一起來參加。

在大家排隊進場的同時，你也會發現，法會現場怎麼這麼安靜？

因為菩薩要求我們大家參加法會之前，在排隊時，不要玩手機、不要打卡，就只是很安靜的來參加這場法會，因為你的心，一心一意的想要參加這場殊勝的法會，你的心不容動搖，也希望先淨化與安定大家的心，讓心靜下來，不被甘擾，不被影響，好好的為自己完成這場法會。

真正的法會，除了菩薩在之外，最重要的是大家引薦超薦的力量。

你很希望自己去除掉不好的運氣，你很希望自己增加好的運氣，甚至於你希望你的歷代祖先可以繼續保佑你的家人，護佑全家族，甚至於更希望你的冤親債主可以到現場來參加法會，以期跟隨著菩薩離開，這都是一種「祈念」。

而這強大的祈念願力，力量強大到遠超過你想像的力量。

一個人的念力有多強？大家的念力集中在這裡有多強？

這樣的念力、祈福力量是非常強大的！
所以，你們的親人可以由自己來超薦，由自己來超渡，用你的念力來進行。
菩薩在，菩薩會助一臂之力。
菩薩在的功能功用，就是：當大家的冤親債主來的時候，當大家的往生親人來的時候，看見菩薩，祂們是真的在法會的現場看見菩薩了，祂們會願意跟著菩薩走，菩薩和眾神佛會引領祂們前往西方極樂世界。
因為外面可能有很多其他的法會，這些歷代祖先或是冤親債主、往生親人，祂們不確定、不知道、迷失方向、害怕被騙、看不到真正的神明，所以，祂們不知道該不該跟著走？不知道這些法會究竟能不能幫到祂們？有些時候，祂們是會害怕的。
但在這邊，祂們可以看到真正的菩薩，所以，祂們願意跟著菩薩走。
我們希望祂們離苦得樂，到西方極樂世界去，用我們的念力來幫助祂們，用我們的祈願文來幫助祂們。

大家會問：這樣就有力量了嗎？

對！這樣的力量是最強大的。

因為你的親人跟你之間的連結是最強烈的，你最想念祂，最愛祂，不管祂往生多久，你都很想念祂，基於這樣的情感連結，你的超薦力量最強大，你想要祂好的祈願是最強的。

你可以想著你的家人，呼請你的家人、往生親人，請祂們一起來參加這個法會。

你可以觀想你的冤親債主，呼請你的冤親債主一起來參加這場法會。

因為祂們來了，菩薩慈悲開放祂們進場，所以，我們也可以跟祂們一起共同參與並接受這場法會的殊勝與功德，希望祂們可以真正的放下，得到我們給予的祝福，以及大家祈願念力所給予的功德，跟著佛菩薩離開。

真正祈福法會的意義就是在這裡，用你的心念去完成一場祈願祈福的法會。

所有與會的菩薩們，都會給予現場所有的朋友們最大的祝福、最好的能量、最甜美的回憶，也希望所有的同學們齊心信念，共生福德，能夠一起觀想、祝福所有的親人們，引薦至西方極樂世界，離苦得樂。

也希望在世的朋友們，在現場的朋友們，都能夠得到最大的祝福，也能夠安心自在，歡喜人生。

平常我們也教大家要跟菩薩講話的祈求方法。

有的人說：「我要去宮廟、我要去拜拜……」，可以！

但你如果從心裡做起，其實，你每天都可以跟菩薩講講話，恭請菩薩九句，「恭請南無觀世音菩薩、恭請南無觀世音菩薩……」連續唸九句之後，你就可以跟菩薩講話了。自從去普陀山上完了觀音心法的課程之後，我們了解到，菩薩多麼希望大家遇到困難的時候，就知曉如何恭請菩薩，請求菩薩保佑，因為菩薩聞聲救苦，一定能夠聽見我們的祈願。

我一直跟大家說，你不用去跑宮廟，我們的心就是一座大廟，菩薩就在心中坐。

當你想著菩薩，或是遇到困難、問題時，你就自己恭請菩薩，菩薩會告訴你，菩薩會給你一些靈感，菩薩會在冥冥之中幫助你。

如果你想要祈求身體健康，你可以請求藥師佛幫你化解生活當中的困境，讓你擁有身體健康上的好能量。

而平常的時候，我們要做的事情，就是要安定自己的心。

要讓自己的心覺得安定，你才會有力量。

一切歸於心平靜，心靜就有力量，就能夠看見前進的目標，拾起力量共同前進與成長。

與菩薩對話～藥師佛

●有人問藥師佛：「如何祈求健康？」

一個人想要祈求健康好運，人的心情一定要開心愉快，就算遇到不開心的事情，也要努力的轉化心情，而能夠轉化心情的方法，就是「念轉」，把不好的放下，往好的地方思考，快速轉化心情，對自己的健康才能有很大的幫助。

一個人長期不開心，他就會帶著很多的病痛，他開始憂愁，開始焦慮，做什麼事情都打不起精神來，工作運也不會好，所以，一個人的身心健康很重要，身心不開心，就會影響到身體，也會影響到自己的行動力。

如果你是一個開心的人，所有的好運氣都會集中在你身上。

如果你是一個憂愁、愛抱怨、對很多事情不滿意的人，你會發現，有很多好運好像離你越來越遠。

所以第一個開運的方法，就是要開心，要把你的心打開來之後，你才會感受到真正的歡欣。

祈求健康的方法很多，你可以唸藥師經，可以唸藥師心咒，可以多讓自己晒晒太陽、多運動，或是多吃健康的食品，甚至於可以多做善事，迴向給你的家人、朋友與自己。

持經文是一種力量，是一個平靜的力量，會讓你整個人安定下來。

不管你相不相信經文，都一定要相信經文本身是有非常強大力量的。

為什麼有些人在持經的時候，持到一個階段，他會覺得心境很平靜？就是因為經文可以幫助人的磁場更加的穩定，可以讓一個人心情穩定，在感覺平靜的情況下，遇到任何事情就不容易生氣了。

大家一定要學習的是：不要抱怨！

抱怨很容易讓人鬆散，讓人好運氣不見。

你看那些愛抱怨的人，成天都是非常不開心的、很痛苦的，因為他每天都在指責別人不好，任何事都無法讓他開心起來。

菩薩曾教過我們：事情遇到了，都好都好！只要可以解決的方法，就是好方法。可以解決的問題，都不是大事情，遇到不好的事情，努力念轉，不僅可以讓自己好過，也可以改變你的人生、你的想法。

所以，當你相信念轉運就轉的時候，你的人生有很多事情就能夠變得被接受了、可以接受了，以及願意接受了。

人生就是這樣，當你願意接受的當下，人生會開始變得很簡單；當你不願意接受的當下，人生會開始變得很複雜。

因為你不願意接受，就想要改變它，想要改變它的時候，你發現你改變不了，又不接受，就會開始產生憤恨的情緒，會有很多負面的情緒一直夾雜在其中。

所以，希望大家身心靈的狀態都要趨向於勇敢，要能夠接受，要能夠承受生活中大大小小的改變。

然後，一定要告訴自己：人生沒有不苦的！

菩薩說，人生其實都蠻苦的，但有些人為什麼不覺苦？是因為他們接受苦，覺得苦是正常的。

當你覺得「苦是正常的」的時候，人生就沒有那麼多憤恨的情緒了。

所以，想要去除煩惱，去除你的痛苦，去除你的苦難，你就要學習接受它，然後再來改變它。

萬一不能改變呢？盡力就好，努力的活下來，然後為自己勇敢。

當你有一天發現，自己越來越勇敢的時候，就是成長的開始。

人生真的沒有不苦的，但是人生就是要學習勇敢面對。

當你越勇敢時，你就會懂得珍惜你現在所擁有的，然後會接受挑戰，接受不好的事情發生。

當不好的事情再度發生時，你也能夠泰然處之，你的情緒就不會跟著起伏太大了。

所以菩薩一直告訴我們說：要念轉，要珍惜，要感恩，要祝福，而且要放下，不要執著，很多事情就隨緣。

學習隨緣，就是什麼事情都好。

如果我很愛的人離開我了，怎麼辦？

就祝福他吧！強留的也不會是好的，就祝福他了。

為什麼他不愛我了？

那是他的選擇，我們也找不出什麼理由，就隨緣。

為什麼他有中獎，我沒中獎？

因為他運氣好。他中獎了，我們就祝福他，也希望下一個中獎的人會是我們。

彼此祝福，也蠻好的。人生當中，任何事情都充滿著希望，人生就有力量了。

●有人問：「如何去除冤親債主？」

我有提過如何面對我們的冤親債主，就是存善心、做善事，一直不斷的做善事迴向給冤親債主，祂們就會放下。

因為祂們看到你跟以前所認識的那個人已經不一樣了，祂們就會願意漸漸放下。

而這個善心善念是發自內心的，祂們才會願意放下，否則，祂們如果發現這個人又有一點點惡心，又跟前世那個人一樣，祂們是不會放過我們的。

所以，唯有我們一直不斷存善心、做善事迴向給祂們，祂們得到的功德越多了，反而會來幫助我們，去做更多更好的事情，讓祂們得到更多功德，有一天祂們就會跟著菩薩離開了，祂們也會學習放下了。

有時候，冤親債主會讓我們的個性變得很固執，本來是可以變動、變通的事情，冤親債主可能會在旁邊干擾，你就會變得很固執。

菩薩有講過一句話：我執，有時候是冤親債主的干擾，祂們讓我們不容易有變化。

我們有時候太固執了，執著於過去的事情。

固執什麼？對於過去自我的經驗、想法、成就，深深覺得，以前就是這樣子，現在就還是這樣子，不想改變，循著之前的方法做事，所以腳步也不會前進，結果便不會改變。

不能變通，就變成你有形的冤親債主，讓你不能有變通的機會跟收穫。

如果你能更柔軟、更圓通、更懂得變通，你不止只有現在這樣。

所以，我們鼓勵大家放下執著，不要固執，試著改變自己，嘗試沒做過的改變，也許就能發現更多的機會，享受成功的果實。

●有人問：「每年都要超渡祖先嗎？為什麼要一直超渡？從以前到現在，我已經參加過愛班多次的法會，應該可以不用再超渡我的歷代祖先跟冤親債主了吧？」

也許是，也許不是。為什麼？

你的歷代祖先如果在第一次參加的時候，祂們就全部跟佛菩薩走了，你也許就不用再超渡祂們了，但是，你在參加法會的時候，可以把功德給歷代祖先，就

算祂們已經跟著佛菩薩走了，就算祂們已經跟著佛菩薩指示去投胎了，這些功德會留給已經投胎的祂們，所以，你要不要繼續給祂們更多的功德？如果可以，當然多做一些，也會讓自己的人生順利一些，多增加一些福德。

每一個人都有冤親債主，假設你的累世冤親債主有一萬個，每一批、每一次來參加法會的冤親債主不一定相同，第一次法會帶走幾千個，第二次、第三次也許帶走幾千個、幾百個或幾十個，都看你的努力、你的祈願力、你的功德。

一個超渡名單的開啟，菩薩會自有因緣讓這些冤親債主跟歷代祖先來到現場，一起聆聽佛法，一起聽著佛菩薩的勸說說法，希望祂們學習放下過去的因緣業力，跟著佛菩薩離開。

祂們跟你來的時候，有沒有不願意走的？有沒有冤親債主到現在還超恨你的？一定有還未能放下的！

如果你真的有心要來參加法會，請你拿出一個態度來，因為你的冤親債主在看你的態度，來決定祂的去留。

你一定要記得，你們唸的祈願文，或者你們在法會裡面幫大家唸的經文、幫你自己唸的經文，是為了你自己，不是為了其他人。

如果你在法會的態度是：「一直唸經，我快要睡著！」

如果你拿不出態度來，讓你的冤親債主看見你的誠意，祂為什麼要走？

什麼叫做冤親債主？

對於過去你們之間的因緣罪業，祂可能不希望你好過，所以祂才會變成你的冤親債主，可能在前世的時候，你得罪祂，祂才會變成你的冤親債主，所以，請你要拿出最大的誠意來懺悔、跟祂說對不起，祈求祂的原諒，祈求祂的放下。

當然，我們不知道前世的我們，到底犯了什麼錯？讓祂這麼討厭我們，讓祂這麼生氣？

你又沒辦法把祂抓過來問：「你告訴我，為什麼要成為我的冤親債主？」在不知道原因的情況下，你就是誠心的唸經給祂、迴向給祂，希望祂放下。

「我很懺悔！我很反省！我不知道我犯了什麼樣的錯，讓你追我追到今生，但我就是錯了！希望你能夠放下與原諒，我願意此生努力成為更好的自己，把功德迴向給你，讓你得到最好的祝福，我願意誠心誠意的懺悔」，你很有心的唸經，把這份功德迴向給祂，讓祂感受到。

如果你態度好，真的很用心地幫祂唸經、幫你自己唸經，祂有感受到你變了，跟前世不一樣了，祂還執著著要害你幹嘛？

祂反而希望你多唸一點經迴向給祂，給予祂多一些的功德，祂也樂於看見你的改變。

因為祂跟佛菩薩走了之後，後面的經文跟功德，祂都可以收到，那祂為什麼要對你不利？

祂當然希望你多唸經，在家裡唸也可以，在法會唸也可以，多做善事迴向給祂也可以，對於未來的祂，都是有幫助的。

所以，你每天都可以在家裡為自己舉辦一場法會，你可以唸經迴向給祂，深深的懺悔，告訴祂：「我錯了。」

假設你今天參加過法會，參加過歷代祖先、冤親債主的超渡，你都還可以繼續來參加，因為我們要拿出我們的誠心誠意、我們的信念、我們的意念去超渡祂們。

祂們跟你之間有最親密、最深的連結，所以，由你們自己的發心、發願來超渡祂們，是最強、最靈的。

這都是菩薩一直告訴我們的。

對於往生親人祈念功德

有些人在家人往生之後，想要幫他的家人超渡，他就請法師，有的法師做一場法會動輒需要許多錢。

有人說：「一場超渡法會大概十萬元、二十萬元，我錢給你，你替我把我家的往生者做七，整個七個七都做，就麻煩你們弄。我們都很忙，你幫我們做就好。」

也有些家屬會說：「法師，我相信你，你幫我們幫往生親人超渡就好了。我們家屬不要到！看看有沒有人可以幫我們唸經？」

付了錢，家屬沒人到，這個法會你覺得有意義嗎？

你說：「可是我真的很忙，就拿錢拜託人家啦！」

想要超渡家人，想要給予往生親人更多的功德，你可以在家裡自己唸經文迴向給往生親人，可以不用請法師，唸經迴向自己來。

法師只是輔佐大家，假如你不知道怎麼唸那個經文，可由法師帶領法會，有人引領你一起唸，讓你找到了一個方法可以自己唸經給你的往生者。自己唸經迴向，這個功德對往生者來說是最大的。

把錢省下來，自己唸也是可以。

若沒錢辦法會，在台北也有一些禪寺，只要登記，就可以做七了，不用錢，很方便。每個七都做，也很好。

唸經、做法事，這些怎麼會需要錢？都只要一顆心，就可以把法事做得很好。

你說：「我有錢，但我沒有閒、沒有空。」

你要叫你的祖先、往生親人怎麼保佑你？祂也會傷心。

你寧願把時間拿去吃飯，你也不願意幫祂唸一部經。

你可以去做你自己的休閒活動，你的往生親人不會怪你。

但你如果有心的話，偶爾唸一個經文給祂，也很好啊！

若不知道怎麼唸經，唸六字真言「唵嘛呢唄咪吽」也可以，唸「南無阿彌陀佛」一天一千零八遍、一天一百零八遍、一天四十九遍，都可以。

就像你在等紅燈時唸佛號，十幾遍就有了。有心真的不難做到。

最害怕的是沒心。

不孝的人，真的得不到菩薩的眷顧。

人很善良、不抱怨、很孝順，才會很有福德與福報。

●有人問：「最近買了房子，搬了新家，在安神明時，安神明的老師告訴我說，房子裡還有一位先人在裡面，老師說他把祂定在我的門口，然後祂是可以跑來跑去的。我要怎麼辦？」

那位老師可以把別人的先人定在門口？哇！這個功力可不是一般！

第一個，如果知道先人在裡面時，我要安神，就會決定先不安了，先把先人的問題處理好，才來安神。

基本上，安了就安了，不再管那位老師了，不要管他說了什麼。

因為菩薩說，基本上，根本沒這回事！

如果你有拜菩薩，你家裡有供奉菩薩，你可以去跟你家神明擲筊問：「有這回事嗎？」

我個人覺得好玩的是：這位老師說，這位先人是可以被定在牆上、定在門口，那麼，怎麼還可以跑來跑去呢？說法有些矛盾！

其實，根本就沒有這回事！

那位老師創造出有一個先人在裡面，他講這些的原因到底是什麼？

問事者追問：「我想知道，靈是不是真的在那裡？會不會對我產生影響？」

既然菩薩已經告訴過你，根本沒這回事！我不知道你的老師為什麼要這樣說。

你有請他幫你處理嗎？「當然有處理，可是靈不肯走。」

你的老師說之後要怎麼處理？「因為我有讀經的習慣，他只是叫我先讀經，

唸經唸一段時間，看靈願不願意走。」

以後他會來幫你處理嗎？「我還沒請他幫忙，我不知道怎麼處理？他也沒跟我說多久會來處理，所以我不知道怎麼辦？到底要什麼時候，靈才可以請得走？」

我連續兩次告訴你，菩薩說沒有這回事！

你還是很執著的說：「不知道該怎麼處理？接下來不知道靈願不願意走？我唸經了，不知道要唸多久，祂才願意走？」

在你的想法裡面，已經認定有一個亡靈在你家，有一個亡靈被定在門口，你已經這樣相信了！所以，你就用你相信的方法去解決這件事情，你就請你的老師幫你做決定，看怎麼處理。

因為已經告訴你兩次，這件事情根本不存在，可是你相信家裡真的有鬼、有一個亡靈在，你已經相信了，那麼，就用你相信的方法來處理這件事情。

菩薩告訴你的，你不願意接受！我也沒有辦法可以幫你解決這件事。

事情根本不存在，你現在只是讓自己的心感到擔憂與害怕。

如果你有拜菩薩，你根本不用害怕呀！

你有拜菩薩，家裡有什麼，有什麼關係！隔壁也有可能有阿飄啊！

你唸經一起迴向給祂們，也沒有什麼關係啊！

唸經，心根本不驚，根本不會害怕。

如果有唸經，阿飄要來聽經聞法，「怎麼辦？好害怕！不要唸嗎？」

祂們來聽，就唸給祂們聽，功德可以分享給祂們，為什麼要害怕？

當我今天要搬家了，我住進這個地方，我用艾草條淨化過了，我就相信：福地福人居，福人居福地。

我既然在裡面安了我們家的神明，我怕什麼？我們家有神耶！

你信奉觀世音菩薩，你也都在唸經，你既已回答說：「我平常有在唸觀世音菩薩，我有在拜觀世音菩薩。」你家裡既然有觀世音菩薩，你何必怕你家裡有一個亡靈在，然後還被定在門口？根本就不用害怕！

你有拜菩薩，你家有菩薩，你心裡面更有觀世音菩薩，根本不需要擔心！

根據上面這個問題，有的人會遇到一些自稱有修的老師，這些老師不收錢，只收隨喜，不收紅包，只結緣香油錢，這些老師可能也真的什麼都不想要，但他動不動就會說出讓你覺得害怕跟恐懼的話。

菩薩派了一群人成為通靈老師，菩薩派了老師、派了一些師父可以在人世間成為神的代言人，幫助眾生，解決一些眾生平常聽不到、看不到的事情，但他們傳達的訊息都要別人產生恐懼嗎？

真的是這樣嗎？

我們在辨別這個老師好或不好，有的時候，不是單單憑他收不收費就可當作答案，而是他能夠傳遞一些正確的、讓人安心的想法跟觀念。

若有事情，老師可以提醒。

譬如說，家裡真的有阿飄，那就用艾草條薰化一下，祂不就跑出去了！

祂如果再回來，就初一、十五都給祂薰一下，總有一天，祂聞久了、怕了，祂就不想來你家了，總有方法！

但是，如果今天真的有阿飄想要在這邊，你也可以告訴祂：「你的子孫已經不住在這裡了，現在這裡是我在住。我也有在拜觀音，不然我將唸經的功德迴向給你，我也期望菩薩有一天可以帶你到西方極樂世界去。」這樣就好了，真的不需要有過多的擔心跟害怕，而且這件事情根本就不存在！

就看你是選擇相信那位老師？還是選擇相信菩薩？就這樣而已，很簡單，別讓自己的心產生恐懼與心魔，自己嚇自己真的最讓人害怕。

●有人問：「已住三十年的房子，覺得沒有平安，是否有何問題？」

菩薩沒說有什麼問題。

所謂平安是什麼？平安健康，有賺到錢。

請問哪一間房子住後不會有人在裡面往生？

請問有哪一間房子住進去不會有人往生的？也就是說，一間房子住進去都不

會有人離開這世界，可以活到一千歲、二千歲，有這樣的房子？有這樣的平安？這是不可能的，生老病死是人生會正常經歷的事情。

所以你問：這房子有沒有問題，會不會讓我們身體有問題？

就算我們住在剛買的房子，我們也可能會生病，但不能說這房子不保平安，沒有一個房子可以讓全家人一輩子平安不生病的。

所以，不是房子有問題，而是我們人本身可能會有毀壞的狀況，器官本來就會有消耗殆盡的狀況，人本來就會生病。

但我們人會想：「這個房子給我們的，要平安健康，還要賺大錢，這個房子就是好房子。如果這個房子不能讓我們平安健康、賺大錢，這個房子就是有問題，這風水就有問題了。」所以，我們的認知錯誤了。

這房子沒有問題，它已經保佑你三十年了，它沒有問題的。

家裡不平靜、不平安，是因為人的心出問題，愛吵架、愛計較、愛你爭我奪，那是人的個性，不要怪房子，房子好無辜。

如果你覺得不平安，你想要賣房子，那也是自己的選擇。

但它已經讓你住三十年了，你覺得它有沒有保你平安？

我們人身體不健康與衰老是遲早的事情，因為我們身體會毀壞。人會老，身體就會慢慢變老、退化，但我們不能因為身體慢慢變老、慢慢變不好了，就怪這個房子、怪某個人。

譬如說，我騎摩托車出車禍，就怪車子很爛。不是啊！可能是我們技術方面有問題，可能旁邊車輛問題，不要怪到別的。

我們住到一個地方，可能從一歲住到四十歲，變老、身體變不好、不健康，我們都不能怪到房子，因為這是我們身體的自然變化。

身體不好，跟出生時的基因有關，跟體質有關，但不一定跟房子有直接相關的問題。

所以，你的房子本身沒有問題，裡面沒有鬼，也沒有什麼不好的東西。

我建議，如果你住在裡面覺得很不安心，或是擔心自己的身體受到影響，你

可以用艾草條薰一薰，有陽光的時候，窗戶、櫃子全部打開薰一薰，這樣就好了，就可以維持氣場的乾淨。

每個人的家中，都可以用艾草條淨化一下，常常淨化，便可以讓磁場更好。開運方法很間單，淨化家中磁場，自己就可以做到。

●有人問：「因為身體免疫力差，身體氣比較虛，早上腿會冷。是不是持續看中醫、西醫？」

中醫、西醫還是要持續看。

菩薩總是說：「當你的身體有病痛時，一定要記得，把身體交給醫生，把生命交給菩薩。」

身體不舒服，不是去問宮廟師父或是老師，而是要去看醫生。

如果天氣很熱，身體反而覺得很虛，不知道為什麼在這麼熱的時候，還會覺得很冷、打哆嗦。這裡有一個可以增強、補氣的方法。

★在有大太陽、很熱的天氣時（但不要在正中午的太陽底下），大家可以赤腳站在比較熱的地方，也許赤腳站在你們家的陽台，或是稍微溫熱的地方，可以穿個襪子，或是打赤腳忍耐一下，兩腳與肩同寬，脊椎挺直站立著。

★然後，將你的雙手呈現往上承接的狀態。

★吸氣吸到飽，再吐氣；然後吸到飽，再吐氣。

★站個五分鐘就好，如此，就可以補氣了。

上面接陽光之氣，下面吸大地之氣，可以讓一直都覺得疲倦、沒氣力的人可以補強正氣。每一個人都可以做，都可以用這樣的方式。

我們真的要多運動、多喝水、少喝含糖飲料，對自己的身體健康一定要重視！你賺再多的錢，擁有的再多，沒命花，也是很恐怖的。所以，要怎麼樣才能創造永久的福氣？一定要身體健康。

有健康的身體，才有機會去做更多的事情，才有機會去更多的地方走走看看，才能跟你最親愛的人相處久一點。

●有人問：「團隊業績一直下降，該怎麼做？」

第一件事情，你可以初一、十五去拜土地公公，到你住家附近的土地公廟拜拜，稟報你的工作地點和職務，然後，祈求土地公公可以幫助你們提升業績，你願意多賺一點錢後多回饋給這個社會。

此外，有時候，你決定事情時比較強勢，臉上少了一些笑容，所以，大家覺得你好像不是很開心，相對地就影響了團隊的磁場。

從現在開始，你可以讓臉上多一些笑容，你會發現，整個團隊氣氛都不太一樣了。

再來，跟人家講話的時候，要多一些寬容，慢慢講，因為有時候你個性很急，想要馬上解決事情，臉上就會少一些笑容。笑容多一點，很多事情就會順利一點。

每個人對於工作都有自己堅持的專業，但是，在為人處世上，有時候，還是要多一些寬容與柔軟，才能讓別人感受到我們的用心，讓他人與我們相處時是沒有壓力的。

工作上想要祈求好運，去住家附近的土地公廟可是非常重要的。

想要祈求全家人的好運氣，可以向土地公公稟報家中的近況，在你需要幫助的時候，土地公公可以快速搜尋到你的近況，並且了解你的處境，誠心的祈求土地公公幫忙，是非常有效的。

大家都可以照著上面的方法去做，祈求工作與家庭皆順利圓滿。

●有一位馬來西亞的朋友問：「之前我被下蠱，我想揭發他，因為有其他的受害者。可是警方不理會降頭的事情，我想寫部落格，公告他的電話和名字……」

菩薩已經處理完你的降頭，問題已經解決了，你還是要去警察局告他，你要有具體的事證去揭發他真的有對其他人下降頭。

可是你沒有辦法舉證，菩薩也沒辦法幫你。

菩薩只能幫你解決你身上的降頭，因為你有這樣的請求，可是其他人未必會有這樣的請求。

你現在已經解了你自己的降頭，你是安全的。別人的，有別人的因緣。

如果有人問你那個人怎樣，你知道，你可以據實以告，告訴他說，那個人對你做了什麼，這不是誹謗，這是真的，你可以告訴前來問你的人。

可是，你不可以在網路上散播、傷害他，因為如果人家要上網查詢他，就會連結到你的部落格，你就變成阻撓他。

對方是確實可以下降頭的人，你去揭發他後，萬一他下更大的降頭，怎麼辦？不要去理他，因為菩薩已經幫你解決在你身上的降頭，解決了在你身上的問題。

上次你來座談會，菩薩在解你的蠱的時候，我一直閉眼睛不敢看，那個降頭那麼大！下降頭這種東西，的確是存在的，不要以為降頭是電影拍出來的，降頭術真的很強、很重，是非常可怕的！巫術的降頭其實很厲害，他養的那個蠱是可以經過空氣，飄飛到他指定的地點，讓人深受其害，不能控制自己，下蠱真的蠻可怕的。

為什麼可以解？是因為菩薩要解。

降頭術的確有它可怕的地方，跟難以解的地方。

你被下的那個降頭，對菩薩來說，還算是好解的，所以，在座談會當下，菩薩很快就解了。

但如果你現在反過來要跟他對抗，你覺得你有菩薩當靠山，然後去對抗他，不行的！他傷害不了菩薩，他只會對你造成更大的傷害。

如果對你再次造成傷害，怎麼辦？

如果嚴重到你連來台灣找我都無法成行，那怎麼辦？所以菩薩建議你，不要去招惹他，不要再去找這樣的師父問事。

你知道他惹不起，就不要去招惹他，你也不要想揭發他，不要在網路上面寫批評他的文章。保護自己，不要理他了！

以後會不會有更多的受害者？那就要看每一個人的因緣了，相信他的人，自

有自己的因緣。

你很幸運，遇到了菩薩，菩薩幫你解。

也許，有很多人也很幸運能找到別的老師來幫他們解，但也有可能有很多不幸的人沒辦法解，這都是個人的因緣。所以，我才一直不斷地告訴大家，不要亂跑宮廟。

因為有時候，當你心念意志過於薄弱時，別人說什麼，你很容易就聽進去了。

所以，你都不要去聽、不要去說，就只要跟菩薩說就好了！

每個人心中都有一座廟，菩薩就在心中坐，堅定相信心中的菩薩，一切都能安心了。

修行靠自己

人生修行靠自己

我們都希望大家不要常去宮廟，你可以不用跑到宮廟去問問題的原因，是因為宮廟常常會說一些話，讓你更加地混淆了你自己的人生觀。

例如，有人會聽到宮廟這樣告訴他：「你帶天命，你要辦事情。」

可是，我們哪有那麼多閒空時間可以去辦事？

生活都沒辦法過下去了，工作都不穩定了，也沒賺錢買到房子、車子，你還有時間去宮廟幫人家辦事？

其實每個人都帶天命，我們投胎下凡來都帶天命，每一個人都帶著一個天命、使命來。

宮廟跟你講：「你要修！」

每一個人都要修，人生是一定要修。什麼叫修？

修，不是叫你去宮廟跟著他打坐、唸經、吃素才叫做修，這是假修。因為真正的修行，是生活中的修行。

有人修行了一段時間之後，伴隨而來的是自己真的想吃素、唸經、打坐，那是自發性的。每個人的因緣都不同，但沒有一尊菩薩會強迫人們這樣做。

我曾經問菩薩：「菩薩，我這麼愛吃，你會讓我吃素嗎？」

菩薩就說：「不會！因為我不會勉強你做不想做的事。」

生活當中的修行，所遇到的每件事情，就是人生中的修行課題了，這些課題看似簡單，其實，每個人生階段遇到的課題都是難題，都需要親身經歷與試煉。

通過考驗了，成果就是自己的了。

有一天，我跟菩薩懺悔：「我常常都會抱怨說座談會真的很累，我真的覺得很抱歉！但我怕我以後還是會這樣講，怎麼辦？因為人累了，有時候還是會說我好累、好煩！」

菩薩就說：「我知道！因為這是人！人遇到事情，就是會覺得累，就是會覺得苦，但是經歷過了，就會沒事了。」

一切都會過去的。

我覺得菩薩真的很愛眾生。

不管我們經歷了什麼，菩薩都會陪在我們身邊。

所謂的修行，就是日常生活當中的修行，就是修正自己的行為。

如果你知道這個行為是不該做的，難道你要去做嗎？不是！你一定會改變它，所以這就是一種修行。

要不要唸經？要不要打坐？其實，到了某一個階段，你自己想做就會做，不用別人強迫，也不為了某些目的。

你不想做的，也不用強迫你，因為強迫你也沒有用。你不是真心真意想要去做的，這樣也沒有益處。

所以，就等到有一天你真的想做了，你再去做，從最簡單的開始，從你可以接受的方式開始。

持經文與恭請菩薩

你可以唸六字真言、唸心經、唸普門品，這些都可以！

你說：「我記不了那麼多。」那你就從最簡單的開始，都是可以的。唸什麼經？一天唸幾遍？誠心就好。

會建議大家不要去宮廟的原因，是因為有時候，宮廟為了要留住香客，會說一些讓人害怕或是吸引你的話，所以有時候，別在意他跟你說了什麼。你知道自己的命運是自己的，就自己掌控。

你說：「可是，我真的很想得到菩薩的保佑，怎麼辦？」自己恭請菩薩！

記得，你自己就可以跟菩薩講話了，你的心就是一座大廟，你的菩薩就在心中坐。今天，你就算沒有辦法去廟裡，你也可以在心裡面、在這個當下，跟菩薩頂禮問訊，所以，人不用一定要到那裡。

否則，如果今天我是雙腳不方便的，難道我就不能跟菩薩溝通嗎？我就一定要到宮廟，才能跟菩薩頂禮嗎？菩薩才看得見我嗎？不是！

所以，這裡給大家一個方便的法門，就是只要你恭請菩薩，菩薩就會在。

恭請，當然有一個方法。所有神佛的恭請都是三、六、九遍的。

基本上，如果你不確定那個神佛到底是要恭請幾句，你就全部都恭請九句，給祂最高的尊崇。

一般來講，看你要恭請哪一尊神佛，恭請的句數是不一樣的，聖號的恭請方式也不太一樣。如果你怕有錯，全部都恭請九遍，就不會有錯。

不管你在任何時間、任何地點，只要你需要菩薩，就只需要自己跟菩薩講話就好，不用透過任何人。自己就可以恭請菩薩、跟菩薩說話，說不定你的問題隔幾天就解決了。

你的問題說不定在你很認真的過自己的生活、把工作做好、把很多事情做好的同時，菩薩就已經出現幫助你了，菩薩永遠都會保佑你的。

有的人會擔心：「我以前有去一個宮廟打坐，我現在不去了，他們手上我有我的生辰八字，他們會不會對我不利？」

任何人要拿你的生辰八字去做不好的事情，神佛怎麼會幫他呢？除非他請的是妖魔鬼怪，那可能會幫他。但如果是真正的正派神佛，絕對不可能會幫人去做壞事的。

所以你不用擔心，你有菩薩在，你可以恭請菩薩。

以前，我要去收人家家裡面的鬼，請菩薩出現的時候，菩薩都會跟祂說：「你要不要跟我走？」

那個鬼就一直哭，然後就會說：「我受了什麼委屈，我為什麼現在會在這裡，我發生了什麼事……。」

菩薩就會跟祂講：「來！跟我走！我帶你去修復你自己，或是讓你去投胎，讓你可以了結心願。」在動之以情下，那個鬼就跟著菩薩走了。於是，那個地方就乾淨了，也就沒那麼恐怖了。

有一次，我去到很髒的屋子裡面，裡面有很兇的鬼，我也是學菩薩的做法，跟祂動之以情：「你是要自己先走？還是我請菩薩來帶你走？」

那個鬼就說：「我自己走！」連艾草條都不用拿出來，就自己走了。

恭請菩薩的方法，就是稱唸「恭請南無觀世音菩薩」，連續稱唸九次。

如果你中間唸到第三、四次，忘記到底唸幾遍了，那麼就停止，重新再數。所以，一定是稱唸「恭請南無觀世音菩薩」九句。

靜下心來，菩薩就在上方，你可以稟報你的姓名、地址，然後告訴菩薩，你現在正經歷著什麼。

你可以把你想要跟菩薩說的話稟報菩薩，請求菩薩給你幫助，給你智慧，讓你化解現在生命當中的困境，幫助你有慈悲、有智慧，能夠更加堅定和勇敢。

也許，你現在心中有非常多的苦，可以請求菩薩降下甘露水、大悲水，來幫助你澆熄這些苦，化解這些苦。

如果可以，請你吞嚥口水三次，便能夠將這些苦吞下，其他的苦痛讓菩薩收走，讓苦跟著菩薩離開，讓你的心更加地堅定、勇敢。從此以後，你會擁有更多的力量、更多的勇敢，讓你面對生活。

苦將會成為你成長的養分，你會更加的勇敢，做更多的善行，回饋給這個社會及更需要幫助的人。

你可以告訴菩薩，現在的你成長了哪些、遇到了哪些困難，請求菩薩在各方面、各個點能幫助你，給你一些智慧，也許，你之後就會有很多的靈感、很多的想法，它能幫助你衍生出更多的智慧、化解紛爭，一切就會更加的平靜。只要記得，人生無所求，什麼事情都好、都好，欲望減少，人生平安就好！

祈願祈福愛常在

人生遇到任何困境都可以跟菩薩說，菩薩就像是我們自己的媽媽一般，擔心我們受苦，害怕我們失去信心，菩薩心疼我們，我們若願意訴說，祂們一定能夠傾聽，給予我們求得解脫的方法，以及努力的方向。

菩薩心疼我們在人間所受的苦，不希望我們花很多錢去宮廟，你不用去那裡找菩薩，不用去任何一個地方去祈求菩薩來幫你，不要花錢請任何師父幫你傳達，因為這些事情，都是你自己就可以做到的，我們自己恭請菩薩，就可以跟菩薩溝通了。

菩薩給了大家一個方法，不需要任何老師或是大師，你們自己就可以恭請菩薩了，所以，大家只要按照這個方法，每一個人都有資格可以跟菩薩講話，而且都有方法可以跟菩薩講話。

當你需要幫助的時候，可以稱唸菩薩的聖號「恭請南無觀世音菩薩」，連續稱唸九次後，你就可以跟菩薩講到話了，不需要去廟裡面才可以跟菩薩說話。當你唸完第九次的時候，一定是接通的，毋庸置疑，菩薩一定聽到了你說什麼。

所以，有任何的事情，就透由你自己跟菩薩說明、溝通即可，不需要去請教乩童、師父，也不需要去請任何大師或老師（包含我）幫你傳達話語。

菩薩就在心中坐，你的心就是一座大廟。

你可以把自己要做的、要經歷的事情跟菩薩說，菩薩會有感應，菩薩一定會知道，因為菩薩聞聲救苦。

菩薩會怎麼幫你呢？祂會在你很認真生活的當下，祂會安排貴人出現，會安排一個契機，一定會時時關照你的。

所以，你只要相信菩薩一直都在你身邊，一直不斷地陪伴著你，你只要學習勇敢、堅強就對了。

不管你在哪裡，不管什麼時間，不管多晚，你都可以跟菩薩說說話。哪怕是

你有往生的親人，你很想要透由菩薩幫你照顧祂，都可以透由這樣恭請菩薩的方法，來請菩薩幫你照顧你的親人。

菩薩就在上方，你可以稟報你自己與家人的姓名，秉明你現在所居住的地方，請求菩薩安定你的心，保佑你的家人健康、平安，請求菩薩給予一切的順利，幫助你及家人，也祈求一切圓滿，做最好的安排，請菩薩守護你、守護你的家人。你可以把你所經歷的跟想告訴菩薩的話，都跟菩薩說。

請求菩薩灑淨在我們身上的光與熱，能讓我們心靈安定，能充滿圓滿的愛。祈求菩薩保佑我們全家人身體健康、平平安安；也保佑所有家人、朋友們都能夠平安快樂，能接受菩薩的祝福，能接受菩薩安定的能量。

當你心中需要菩薩所賜予的光與熱，請你寬心自在、歡喜接受，菩薩會安定你的心靈，讓你圓滿生智慧。

如果有人的父母親身體健康有礙，請求讓我們子女來代為承擔，願父母不用經歷一切的苦痛，由子女承擔，並且完成圓滿課題。

我們都要勇敢，因為人生當中所經歷的，也許是苦痛，但也快樂並成長著。

當你珍惜，人生當中會有更多圓滿的力量來幫助你化解難關。

唯有愛，可以讓愛滋長。

唯有愛，可以讓愛真實永恆存在。

你所付出的愛會永遠陪伴，愛常在，愛能化解病人的不適。請你相信愛人、親人之間的力量，能夠滿足心靈。

請你當一個有愛的人、可以愛人的人，讓愛在你心中滋長、永遠常在。

你可以一一唱出你家人的名字，可以請求菩薩保佑他們，看護、照顧他們，並讓你的心靈安定，便有力量去做更多的事情，幫助身邊需要幫助的人。

記得，福常在，是因為你的心永遠都有愛存在。

堅定心念，相信善美好

你要相信，你所經歷的每一件事情，菩薩都跟你一起在看著。

你覺得人生有很多的不公平，菩薩也在看著。

菩薩一直不斷地說「念轉運就轉」，是因為每一個人的念頭只要正向，每一個人的個性只要稍微做一些改變，態度好一點，整個生活就會開始變得不一樣，運氣就會變好了。

現在看到很多新聞，都是因為吵鬧不休而產生的官司，甚至於讓人無法安心，這都是因為心浮氣躁、爭吵。

但如果我們可以對很多事情多一些寬容，是不是會讓這個社會變得更好？

就從你我開始做起，改變自己的想法，改變自己的個性，改變自己的態度，我們每一個人都有辦法，靠自己的能力去改變自己的命運，因為你的人生、你的命運操之在你手上。

改不改變，不關菩薩的事；會不會有好運，也不關菩薩的事。

會不會有好運，其實都因你願意為你自己做多少，而改變你的人生、改變你的命運，那都是靠你自己。

菩薩是慈悲的，祂一定會幫你，在你願意幫助你自己後，菩薩就會開始幫助你了，因為你已經開始做了最初的改變。

菩薩就在大家的上方，你可以感覺到菩薩對眾生們的疼愛。

你可以稟報菩薩，請求菩薩給予你智慧，幫助你化解目前人生、生活當中所遇到的困境，也祈求菩薩給予你的家人安定的感覺、健康的能量，讓你們可以一起同在，一起分享人生的喜怒哀樂。

靜下心來，你可以好好的跟菩薩說話，菩薩是慈悲的，菩薩就像我們的母親一般，祂會陪伴著我們，所有的經歷、所有的感受，祂都知曉，菩薩與你同在。你可以好好地跟菩薩說說話，把你的苦、你的痛都跟菩薩一起分享。菩薩一直都

在，一直都會看顧著你、守護著你。

我們的人生本來就會遇到很多的苦痛，需要經歷這些苦痛，我們才能夠有所成長。

在我們的心中，我們要不斷地感恩身邊的家人、朋友們給予我們的幫助及陪伴，這些緣分得來不易。相互的珍惜，不再計較，能夠有所包容、圓融，這就是我們人生所需要的圓滿。

當你產生很多感恩的心時，你的磁場、你的能量也會跟著帶來健康、快樂的氛圍，它能夠幫助你調整心態，為你的家人帶來更多的快樂及健康的能量場。

所以，好好地愛你的家人，好好地愛你的朋友，他們會感覺到身心靈的安定，也能夠散發出圓滿的磁場，迴向給你，給予你更多的震盪、更多能量場裡愛的聯繫，這是一種安定、祥和的能量，也是一種人生追求的平靜。

從愛你的家人開始，從愛你自己開始。

不要忘記，所有的苦痛都是為了成長而來的，細細地體會這些成長，細細地感受這些苦痛的經歷，它能夠成就你更多。

當你越勇敢的時候，你能夠承擔的責任也會越來越重。

當你覺得自己很苦的時候，請你把所有的苦痛交給菩薩，讓菩薩承擔，讓菩薩帶走。

不要忘記，這個世界上有一個人最瞭解你，那就是觀世音菩薩。把你所有的苦痛、所有的委屈，都交給菩薩；把你擔心家人健康的問題都交給菩薩，讓菩薩做最好的安排。也相信唯有在家人相互的陪伴之下，以及你細心的照顧之下，家人一定能夠擁有最快樂、最健康、最強的修復力。

因為在你的愛當中，擁有著滿滿的修復力、滿滿的能量場，以及最堅強、最堅定愛的聯繫。

面對生活和工作，很多人都心浮氣躁。菩薩說，當你在辦公室裡，接收到負能量展現時，請你記得，平靜的心去面對這些。

當你覺得委屈，覺得不受尊重，覺得被欺負的時候，可以恭請菩薩九句，然

後說一句：「菩薩祢看！」菩薩會看著。

你所經歷的，菩薩會看著。

辦公室裡所對待你的方式，菩薩會看著。所以，你只需要請菩薩看，菩薩會看見你的勇敢，菩薩會看見你的智慧。

你要學習不再批評，不再隨之起舞，不再跟著辦公室一起鬥爭別人，從自己本身開始做起，然後把所有的結果、所有的審判都交給菩薩。

不去參與批鬥，不去參與耳語，不去講人是非，做好你自己的本分。

只要告訴菩薩：「菩薩祢看！」其他一切與你無關。

做好自己的本分，就是對自己最大的負責。心中永遠有著慈悲的想法，對於他人永遠有著包容的態度，它可以讓你在別人身上學習到更多的成長、更多的智慧。

每一個人都是你心中的觀世音菩薩，他總要出現，總要教會你什麼，所以，每一個人都是你的逆境菩薩，也是你心中最慈悲的菩薩，他們都是你的貴人，因為他們都成就了現在的你。

用感恩的心去看待這些人，你會發現，你學習了很多，增長了智慧。

人生就是這樣，每一天都在學習、成長著。

努力勇敢，堅定善良。希望大家在未來的日子裡，都擁有更多的美好、更多的快樂、更多的心靈安定。

心靈的安定，是因為你心中知道菩薩都在；知道你所做的一切、所經歷的，菩薩都與你常在，所以，你可以無所畏懼、無所害怕，因為你相信善良是對的。

堅持善良，讓人看見人性的美好。

與佛菩薩對話

與佛菩薩對話

每當你需要菩薩的時候，無時無刻、隨時隨地，只要你誠心稱唸「恭請南無觀世音菩薩」九句，菩薩無所不在，菩薩就會在你身邊，傾聽你心裡面想要說的話。

你可以稟報自己的姓名、居家地址，告訴菩薩你現在正經歷了什麼，請求菩薩給予你大智慧、大慈悲願力，幫助你度過人生的難關，幫助你化解困境，給你帶來更多的力量跟勇氣，讓你面對人生課題，時而精進，時而喜悅，時而慈悲心生。

人生當中，只要你心念不苦，任何遇到的困難跟挫折，都能經由逆境化為順境，增加你的福氣與智慧，讓你在未來，可以運用這些智慧來幫助更多的人。

菩薩心是慈悲的，而我們眾生每一位都是菩薩的孩子，菩薩怎麼會捨得孩子們經歷這些苦難？

但是，必須要經由這些安排，經由這些挫折，才能夠增長我們的智慧，讓我們在未來更有勇氣，更能勇敢的面對這些困境。

當你度過了這些困境，當你面對這些困難、挫折而無所畏懼的當下，這些所有隨著逆境伴隨而來的智慧，便能帶給你更多的累積、更多的經驗，未來可以成為更多的心靈種子並發芽，在別人心中成長、茁壯。

所以，每一個人都是善的因子，都是菩薩的因緣。

人生當中的每一個安排，都是最好的，都是最適合你的，因為菩薩不會用懲罰的方式來幫助你成長。所有的經歷都不是一種懲罰。

所有的經歷都是為了要促使你更有耐性、更有智慧，而且能夠更冷靜的看待你人生當中要學習的課題。

當你用歡喜心取代了苦的心，當你用正向的心念代替了消極的態度，那麼，所有的事情，所有的發展，所有的好運，都會因著你的心念而做改變。

請你相信，只要你慢慢地細心體會著、接受著，願意改變，願意接受當下，所有的美好都會在你細心、願意等待的當下，漸漸地開花、成長、茁壯，你會看見時間所累積的果實，美好而富貴，寬容而自在，快樂而歡欣。

記住當下的每一份成長跟學習的課題，因為它代表著菩提智慧。

當你的心念慈悲而堅持善良與愛時，記得，寬容、自在與你同在。

在你的心念當中，永遠慈悲，永遠有智慧。遇到任何困難跟問題，永遠都不需要害怕，你的心念是無所畏懼的，菩薩一直與你同在。

不管你經歷了什麼，菩薩一起與你面對著，你不是一個人，因為你心中有菩薩，菩薩一直都在，一直存在你的心裡。

你可以告訴菩薩，你最近未完成的事項，希望在未來可以有所規劃，期待菩薩給予你更多的力量，勇敢面對還未完成的課題；然後，在未來，還能夠繼續發心發願，助人更多，幫助自己更深。

你可以跟菩薩許下一個心願，祈求菩薩給予你一顆什麼樣的心，你可以跟菩薩許願：「菩薩，希望我可以得到……什麼樣的心。」

這顆心由你來決定，也許是一顆決心，也許是一個決斷力，也許是一個行動力，也許是更多的愛，也許是更多的放下，也許是更多的放心，你都可以跟菩薩要求：期望菩薩在未來裡，可以給我一個什麼樣的心。

恭請藥師佛開運

●有人請求：「請藥師佛給大家身體健康的開運方法。」

藥師佛說：「我給予大家身體健康的開運方法，日走一萬步，多喝水，就能身體健康了。」

日走一萬步，連原地踏步也可以。

日走一萬步，好像有點難，但是為了身體健康，就日走一萬步。

如果你們要祈求身體健康，祈求自己不吃藥、不要看醫生的話，真的一定要運動。

你不可能每天運用你的身體去做很多的事情，卻又不讓它有活動跟伸展的機會。

有的時候，做一下伸展操，跳一跳，是很重要的。

尤其現在許多上班族回家後都說好累，奇怪，追劇都不累？你追劇的時候，可不可以也邊追劇邊原地踏步？可以啊，對不對？

藥師佛說，現在太多人在看手機、看平版電腦，腰椎椎間盤都會突出，第二節軟骨的地方都會塌陷，所以請你們看手機時，要平視，不要低頭看。

然後，要減少看手機的時間，接下來的三十年，有很多人的眼睛都會有黃斑部病變的問題，嚴重的還會引起失明的問題。

科技未必帶來健康，你要花更多的錢去維護你的身體健康，你以為吃很多的葉黃素有效，但有時候，根本無法治本。

所以，請大家還不如從好好愛惜自己的眼睛開始，減少滑手機的機會，多起來動一動。

少跟大家在通訊軟體上聯絡感情，不如見見面、聊聊天，動動你的齒顎，幫助你牙齒健康咬合也很重要。

因為不講話、不吃東西，會影響到小腦。所以要講話，才會牽動我們腦部的

運作。

要身體健康、要活著，就要動。

藥師佛說：「有了健康，你才有更多的動力去賺錢。」有健康，有了錢，便可以到處去旅遊，心靈也可以得到平靜、自在與快樂。

每天日走一萬步，現在，就可以開始。

●藥師佛給予大家深深的祝福，保佑大家身體健康平安，記得用爸爸媽媽的名字去捐白米，給需要的機構，給需要的人。

用爸爸媽媽的名字去捐，可以幫助爸爸媽媽添福、添壽，這是為人子女可以做的。

爸爸媽媽在的話，每天都跟爸爸媽媽打電話，跟爸爸媽媽講話還是要溫柔一點。爸爸媽媽越是年長之後，會越像小孩子一樣，所以，我們對他們也要更有耐心。

●有人問：「老師一直鼓勵我們可以幫家中長輩布施白米做功德，布施完之後，需要特地再去廟裡面稟告說我們做這事情了嗎？」

不用再做任何的稟報。當你在下訂單並送到的時候，或者是你有心的時候，其實你就完成了一份功德。

剛剛我們有提到：給人家方便，就是一種善良，就是一種福德。

地上有垃圾，你幫忙撿起來，算不算？算！

你去上公廁，垃圾都掉出外面了，你去幫忙拾起來，算不算？算！

因為可能撿垃圾的阿公阿嬤要彎腰，他們很辛苦，你分擔了別人一點點的不方便，其實已經是功德一件了。

看到老公公、老阿嬤過馬路，扶他們過馬路，是不是很好？

如果做善事一定要用錢的話，不是每個人都可以做到。但如果做善事是善心、善力，以及用行動力就可以表現的話，每一個人都可以做到。

例如，你看到一個人很難過，就拍拍他、鼓勵他、擁抱他一下，給他一個正能量，是不是也很好呢？

看到有一個母親為了自己的青少年兒子叛逆在愁苦，你告訴她：「你的兒子不算什麼，我的兒子更嚴重……」，她也會好過一點。

每一個人都有一個能量、一個能力，就是可以給別人安定跟愛的能量，給予別人擁抱，給予別人鼓勵。

人世間源源不絕的、最多的是什麼？愛！你可以給別人很多，取之不盡，用之不竭。所以，都可以給，不要害怕。

人的善心、善念是一直不斷湧出的，你對這個人有善、對這個人有力量，你就可以去做你想做的、想幫他的，你總會用你的智慧去想出一個方法來幫他，盡你可能，但不要超過你能力可及的範圍。

●有人問：「家人已經過世往生了，也可以幫祂捐白米嗎？」

一樣可以用祂的名字捐白米，因為你希望祂在另一個世界可以過得更好。因為你的心永遠不會變，不會因為這個人存在或不存在，而決定需不需要做。

你如果覺得：「祂一直都存在，祂一直都需要我為祂做一些功德」，你就做。

但如果你覺得：「祂已經離開我們很久了，我覺得祂很好，祂不需要做，也不需要功德，沒有關係，因為我覺得菩薩把祂照顧得很好」，你也可以放下，把這個功德給別人也很好。

不管怎麼樣都要相信：我們的往生親人在另外一個世界，可以得到佛菩薩的眷顧。我們對於祂們還有心念的連結，我們的安定會帶給亡者安定的靈魂。

你不安，你傷心，你難過，為了祂們終日廢寢忘食，祂們會覺得若因祂們的離開而導致這樣，祂們會更煩的，會更不安心的。

所以，我常常跟大家講，如果家人有往生的，一定要跟亡者說：「我們會勇敢、好好照顧自己的，雖然我們很捨不得你離開，但是你一定要好好的，在另外一個世界好好的。我會很勇敢，我會做好我該做的事情，讓你放心。」就說一些讓祂們安心、放心的話。

●有人問：「請問藥師佛，藥師經裡面有提到九種橫死，如：『畋獵嬉戲，耽淫嗜酒，放逸無度，橫為非人，奪其精氣』，為什麼這是屬於橫死的一種？」

因為這是意外。

藥師佛說，如果有一天你生氣，忽然間心肌梗塞，算不算意外？算！

你忽然間生氣了，而讓你的生命遭受到不測。只要不測，都是算意外。不管你是橫死街頭；跟人家吵架、人家拿酒瓶打到你；你忽然間暈倒了，撞到旁邊的桌腳……這都是橫死，都是意外。

你會問：「為什麼要讓他遭受到這些？」這就是生命！如果當初我們能小心一點，或是不要跟人家生氣，這些結果可能都不會產生。

所以，為什麼脾氣好的人，不太生氣的人，我們會說他是有福的人？

我們年輕氣盛，真的很難不生氣，一定會有讓人生氣的時候，一輩子都不生氣的人真的很少。

但是到了晚年，越來越不生氣的人，總會在晚年有所謂的晚福。

這些有晚福的人，在身體遭受到劇烈變化的當下，可能會突然間就走了，如睡夢中，因心肌梗塞一下子就走了，這是不是至大的福氣？

所以有些人說：「我的爸爸、我的媽媽走在公園，忽然間心肌梗塞，就倒了，什麼都沒交代。」至大福氣！因為他的痛苦就那一秒鐘，心臟停止了。

比起有的人要插管做治療、一直不斷的搶救他，這個就已經是至大福氣了。

所以你有沒有發現，許多人在很年輕的時候，拼命的追求功名、成就、事業、家庭、愛情；而在有一定年紀之後，他們都會告訴你：人生平安就好。

有的人會說：「那是因為他們都已經得過了，所以才跟你講他已無所求，才會說平安就好。」也許不是！

你們要記得，菩薩曾經說過：人生從小、從年輕開始，我們就開始得到。一歲、二十歲、三十歲……開始得到朋友、得到健康、得到學業、得到愛情、得到功成名就、賺到房子、賺到車子，你一輩子都在累積越來越多的物品、人際關係、

事物。到了某一個顛峰時，我們的人生開始慢慢失去，失去另外一半，失去你的工作，失去你的錢財，直到失去了健康，失去了生命。

所以，人生到了某一個點之後，便會開始有所領悟：人生，好像在意也沒有用。會讓你知道了，看透了，看清了，就瞭解了。

所以，六十五歲以上的老人，他們很少會再去跟人家爭奪什麼，因為他們覺得：「我人生看多了！累了！倦了！能平安就是好事！」

所以，唯有好脾氣的人，福納更多（福可以容納得更多）。不生氣，是為了讓自己未來的晚福會更好，這真的很重要。

健康的開運方法，其實是在於：「不生氣，是根本；運氣，是持續（要運動）；忍住不生氣，是你的功力。」大家都要運動、活動，要做點事情。

大家也要一直不斷地給予身邊的人很多快樂、健康的能量，這是非常重要的。我的爸爸就受到藥師佛跟觀世音菩薩很大的照顧。

我的爸爸身體不是很好，可是祂們都一直在保佑爸爸身體很平順，都沒有感覺到疼痛，一直都很開心、快樂。我們也努力、盡力做到照顧的責任。

之前，醫生診斷出來，爸爸胸部有一個十幾公分大的腫瘤，那時候，醫生宣判我的爸爸只剩三個月。

後來，幾個月後，帶爸爸回診，醫生說：「怎麼這麼棒？尿毒指數還下降，什麼都越來越好。很棒！繼續保持。」我們也覺得很開心。他都沒有任何疼痛的狀況，沒有感覺。伴隨著失智，對他來講，反而是一種好事，所以他的人生也很好。我爸爸為什麼這麼好運，受到菩薩們的照顧？

不是因為我幫菩薩辦事，其實是因為我爸爸這輩子從來不發脾氣，我沒看過他發脾氣。而且我爸爸心很軟，我只要在他面前裝個哭臉，我爸爸就說怎麼了，他在說「怎麼了」的時候，他眼淚已經掉下來了，他很能感同身受別人的苦。所以他會受到菩薩的照顧。

就連他在往生時，也受到了菩薩最多的護佑，沒有痛苦地在睡夢中離世。

非常感謝菩薩的照顧與安排，爸爸也為自己的人生帶來了最大的福德。

●有人問：「如果我們的八字被人家拿去，害我們的身體不舒服的話，藥師佛有什麼方式可以讓我們化解？」

藥師佛說：「如果你相信佛菩薩是會護佑你的，你就不應該有害怕，認為別人拿了你的八字，就可以對你的身體下任何降頭，或是下符、下藥，那是不可能的，那都是假的。」

那是因為你的心念相信了別人拿你的八字去做了什麼，就會引起作用。

意思就是：藥師佛不會允許任何人拿著任何人的八字，去做出對任何人影響身體健康的事。

所以，當你聽到有人說：「我跟你說，我拿你的八字，我現在要讓你身體不適」，那都假的。那個一定是請鬼，絕對不可能請佛菩薩。

而佛菩薩如果聽到了這樣的事情，絕對不會因為你拿到了某個人的八字，祂就對這個人的八字有所影響。

藥師佛說：「若有人持別人的八字而有所稟報，要害別人身體健康的話，我會對被害人更加以身體健康上的好運而給予護佑」，因為祂知道，會動搖別人心念、用別人的八字拿來做法的，絕對都是惡劣之靈。

你想想看，一個在幫神明辦事的人，神明怎麼會允許他拿八字來害別人身體健康？這個人一定是壞心。

那麼，幫忙承辦這件事情的，是不是惡靈？可能是妖魔鬼怪，祂們才會應允人做這樣的事情。

害人之心本來就不可有，在神佛的保佑之下，所有惡的事情，都不能夠摧毀一個人的正信正念。

所以你要相信：我拜菩薩，若是有人對我下降頭，菩薩慈悲，一定會幫助我順利解除降頭。那麼，若是你知道自己被下降頭時，想要解降頭，就請菩薩幫助你。

若有人對你說：「警告你，我給你下了符！」

你說：「來呀！快來！」因為你知道了，不怕了，它對你起不了任何作用。

怎麼樣會起得了作用？「唉呦，我好害怕！」你會在心裡面先嚇自己。

其實，那些鬼怪未必真的有用，是因為你的心念先動搖、先害怕了，是自己嚇自己。

不會有任何一個神明可以協助人去做對別人有傷害的事情，所以，有的人會走茅山道術、放降頭，這些都不對，都不好。

還有一種人去請茅山道士下和合符，也就是說，另一半已經不愛你了，你去下和合符，希望他就會回來破鏡重圓。

如果你的老公或你的老婆已經不愛你了，不要下符，叫他快走。

他已經不愛你了，你留著他幹嘛？

你說：「可是我對他還有感情。」

他都對你沒感情了，看開一點，下一個總會更好，祝福他。

不要去下那種和合符。

就算有短暫的和合，回來跟你破鏡重圓，那也是短暫的，你的心裡面還是會有疙瘩，因他曾經背叛你。除非你真的能夠放下、忘記，那需要大智慧。

也就是說，當你決定原諒一個人時，不管那個人對你做什麼，也許是感情上的背叛，也許是人際關係上的背叛，也許是友情上的背叛，一旦你決定要原諒這個人時，就是澈底的原諒了，不再翻舊帳，不再講之前發生的事情，那才是真的原諒。

否則，你的心裡面一旦有了疙瘩，那不叫做原諒，那只是暫時不提起而已。真的原諒是我再也不記得你曾經對我做過的事了，那才叫原諒。

尋求平靜心和快樂

●有人問：「請教南無藥師琉璃光如來，我們要如何尋求心裡的平靜和快樂？」

快樂是自找的。想辦法讓自己快樂，一點點小事都可以快樂。

如果你認為人生沒有什麼是苦的，快樂就會常在。

如果你覺得人生什麼都是苦的，抱怨久了，身體就會累積很多的負能量，那麼就會開始生病。所以，快樂是去除病源的根本。

藥師佛說，所有的人都要學習不要憂鬱，要尋求快樂。

當你產生憂鬱的情緒、不開心的過程，就去運動，運動可以發洩，聽音樂可以洗腦，可以幫你消除負面的情緒能量。

若再不快樂，建議大家去海邊，去有河、有噴泉的地方，去任何有水流物品布置的地方，譬如有庭園造景、假山、假瀑布，坐在那裡看著那個水，然後說：「我把所有的負能量都給你。」就這樣，你就會舒服一點。

以前，我去夏威夷的時候，菩薩曾教我一個方法：把那些傷害你的人，一個個的將他們裝在天上的雲上面，然後，把負面的東西還給他們：「你們之前對我的惡，都還給你們，把你們留在夏威夷的海邊，我就不把你們帶走了，再見！」請大家找水，找海，把負面的東西都丟給它們。

藥師佛說，不開心、不快樂，真的會讓人生病，所以無論如何，請大家都一定要讓自己開心。

●有人問：「請問南無觀世音菩薩，我們在人生當中，有時會覺得很苦，苦的時候會知道要轉念，可是在轉念、在開心一下下後又會覺得很苦。有什麼方法可以讓我們在苦中的時候，不要那麼憂鬱，至少能保持心平靜的狀態？」

菩薩說，這一題由子容來回答。

我很有經驗，當我看到菩薩排出那麼多座談會日期的時候，我心裡面只有一個字「苦」！

菩薩為什麼說我可以分享？

因為祂應該最近聽我每天都恭請菩薩：「可不可以幫幫我？現在我真的覺得好苦，不管是任何方面。」所以，我才會在直播的時候說：「今年我眼淚最多，我幾乎每天哭，我很苦，我很難過。」

面對很多狀況，我其實有很多苦。

我的爸爸生病了，然後還有很多事情需要處理，時間不夠，什麼都不夠，我根本沒有辦法可以去面對這些困難，覺得自己能力有限。我也有很苦、每天在哭的狀況。

菩薩會叫你們問我，是因為當我每天很苦的時候，都告訴自己一句話：「你超勇敢的！你真的超勇敢的！而且你超棒的！你一定可以的！沒什麼了不起！我還活著！」然後眼淚擦一擦，告訴自己要勇敢面對，告訴自己一定可以的。

我常常跟人家說：「我還活著！我不怕！我超勇敢的！來呀！沒關係呀！再來呀！再苦也不過這樣，就來呀！」就把眼淚吞下去，然後就告訴自己：「黃子容，你超勇敢的！」後來，你就會覺得過去了。

我真的就是一直不斷地告訴自己：「你真的超勇敢的！你真的可以！」

而且我會加一句：「這真的不算什麼！比起別人，我很幸福。」

我都會去看別人，比起別人，我真的很幸福。所以我覺得我可以，我超勇敢的，沒什麼，來呀！再來呀！雖然我怕，但是還是要勇敢。

就算你不勇敢，你還是要面對，那麼，就告訴自己要勇敢。

●有人問：「請教文殊師利菩薩，我們要如何幫助自己開智慧？」

文殊師利菩薩回答：第一，先不生氣。氣衝腦幹，便不增長智慧。

第二，心不為善，便不增長智慧。

第三，如何增長智慧？倫理道德，個人言行合一，必會開智慧，開意識的智慧，你會知道什麼事情可以做，什麼事情不能做，心中便有智慧，能夠明辨是非，而決定做與不做。當你在做一件事情的時候，會想做或不做，你便已經有智慧了。

衝動的人，我們常常說他沒智慧。太過衝動了，想不清，竟然去做了，就是因為他氣衝腦幹，所以衝動。

所以，一個人要有智慧，必先從調心、調氣開始。

要增長智慧，不是吃什麼就會增長智慧，不是做什麼就會增長智慧，而是從本身的修為做起，吸收新知。最重要的是：別人說什麼，都是對的。

為什麼？因為不管別人說什麼，就算你不認同，在那當下，你會知道，有人這樣認為。

當你不接受、不認同別人理念的時候，你會知道：「哇！天下人有人這麼想！」

當你不同意某些事情、不同意某些看法的時候，你也能增長智慧，因為你會發現，這樣的觀念竟然有人在聽，有人認知是這樣的。

所以開智慧的方法，必須從本身累積閱讀、傾聽別人的意見、見解，而得到更多的智慧；再加上自己對於是非對錯、領悟到的想法，所增生的智慧來做判斷，這就是開智慧。

所以，當你遇到某件事、某個人時，你可能會說：「哇！他怎麼會這樣想？」你也可以說：「我開智慧了！開眼界了！」這便是開智慧的開始。

請記得，一定不要生氣，你才能開智慧。

行善隨緣

●有人問：「請教普賢菩薩，很多人都會有初發心願想要行善，但是，行善的過程經常會碰到逆境？」

普賢菩薩說，行善隨緣。身隨緣，心也要懂得隨緣。

有些人很喜歡做善事，並在網路上發文，他想要告訴大家。很好，但也不一定有必要。

要不要做善事，也許不是開誠布公需要說的，不是為了沽名釣譽，只是為了自己想做而已。

所以，行善心，行善行，都應該由自己的初發心開始。

若遇到逆境，放棄了，也隨心、隨緣，不要強求。

譬如，你真的很想幫這個人，真的很想幫這件事情，可是你能力有限，怎麼辦？要量力而為。

因為強求、強行，根本就是陷自己於不義，讓自己的能力有所閃失，這樣子，反而不是行善的目的。

所以有時候，在某個時間點，你剛好有機會，在一個地方，你剛好有這樣的緣分，就適地（隨著地方的改變）、適時（隨著時間的變化）、適人（根據不同人的選擇），而有不同的行善方法。

就算以前你都在這個時候做這樣的事情，但今年你沒辦法了，沒關係，隨緣！這不是你的責任，很多事情不要強求。

你看到有很多機構、很多地方，他們會把他們行善的事蹟，一直不斷地張貼。有做，固然很好，但也有時候，是做給大家看的。有很多機構是做了之後，錢入自己口袋的，類似事件不勝枚舉，很難查。

怎麼辦？你會擔心你自己的錢到底有沒有落實在機構裡，還是落到私人的口袋裡？

記得，當你在行善的時候，當你初發心是在發善心、行善行的時候，不用想這麼多，隨緣即可。

有人問：「有時候會看到路邊的和尚、尼姑托缽，到底要不要捐錢？」

前面有講，當你當下發的是善心，不要管他怎麼運用，不要管他是不是騙人的，因為你在當下已經發了慈悲心了。

給他就給他了，給了他之後，就不要記得你給了他。

●有人問：「看到遊民坐路邊淋雨，我很想把我的雨傘和剛買的食物給他，我想他很需要。就在我要鼓起勇氣給他時，發現他身旁擺了酒瓶。我感嘆為何他寧願把錢拿去買酒，也不去買他真正需要的傘和食物？這樣我還要幫嗎？內心掙扎後我放棄善行，默默離開。請問這是符合『慈悲要有智慧，不要妨礙別人學習成長』？還是我的善心起了分別心（自己也盡力的我才幫，自己不夠盡力的我不想幫）？」

對的！

所以慈悲是要有智慧的。我們的慈悲不能被濫用。

當你發現，他有很多狀況跟原因是造成他現在坐在那裡的主因，是不能夠被接受的，他就不應該接受給予。

這個不是分別心，這個是懂得分辨。

「這樣會不會違背平等心？」不會！

平等心的前提是這個人他做對的事情，他們都有做，只是一個可能做得比較好，一個做得比較不好，所以我們是平等視之。

可是問題是這個人沒做，你就要懂得分辨。

所以，不要太強求一定要用平等心去看待眾生。我們不是神，我們是人，我們一定要有足夠的智慧去判斷。

他今天會造成他這樣的狀況，一定是有原因的。

「自己也盡力的我才幫忙，自己不夠盡力的我不想幫」，對！這是一種選擇。

當我們在付出善、在運用我們的慈心時，我們必須要有一些選擇，才能夠把我們的慈悲發揮到最好的價值。

恭請財神爺開運

●有人提出：「請財神爺給大家豬年財運的開運大補帖。」

財神爺說，要給大家的就是：「勤奮努力，工作至上，維護家人的身心靈平安，就是財運亨通。」

也就是說，你和家人不為彼此製造太多的麻煩，不讓對方心煩意亂，各自就可以好好的工作賺錢了。所以，很多東西都是相對的。

當大家真的需要財運的時候，財神爺說，中宮財位放綠色淨水瓶，瓶口上面放金元寶。如果你都沒有出門，金元寶就一直放在上面，是沒有關係的，但是如果你要帶淨水瓶出門，是不可以把家裡的金元寶帶出門的。

另外，狗年置在家門口的金元寶木盒，在豬年的時候移到中宮的財位，就不用再花錢買了。把門口的元寶盒挪到中宮財位的綠色淨水瓶旁，並取一顆元寶放淨水瓶上就好了。未來，就把這個淨水瓶放到流年財位上，都是對財運有幫助的。

如果你狗年根本就沒有擺金元寶、木盒子，那麼，豬年去買一個金元寶，一個就好，放在中宮的位置，然後，那一個金元寶又可以放在綠色淨水瓶上面，不要再花錢買一堆金元寶了，而這個開運方法，未來可以一直不斷的沿用，放在流年財位上。

有的人會說：「我那個盒子是去年的，我想要換新的。」

你都還沒生財，就先破財了。所以，如果已經有了、夠用，就不要再買了。

你家的房子最中間的位子，就是中宮。

有很多人中宮的位子是廁所，你就以客廳的中間為主。如果中間的位子是走道，沒關係，你就放在茶几上，或者是放在靠近中間的位子就好了，或者就找個居家財位（開門斜對角），也可以放。

不要太過於執著、擔心：「我找不到中宮，怎麼辦？」不要因為找不到就心慌，財神爺不會讓人找不到。

財神爺說：「我給予大家的護佑，時時都在。」

除了你有綠色的淨水瓶、有財神爺的招財卡之外，請你一定要做一件事情，你們一定要去通報你們的土地財神，因為管財不是只有財神爺而已。

所謂的土地財神，就是不論你住在哪裡，你們住家方圓五百公尺到一公里之內，一定有一個土地財神爺隸屬的土地公廟。

大家都以為，土地公廟初二、十六才去拜，其實，土地公對我們非常重要，所有人的平安、一般人員的流動、有沒有失業、有沒有失戀、身心及運氣好不好，都要事先通報給土地公，然後才通報上一層。

記得，失業、失戀、人生不如意，先去拜居家的住家附近的土地公，跟祂稟報：「信女（或是信男）現在住在哪裡、什麼地址，然後我們家有哪些人，我現在沒工作」，請求土地公幫你的忙。

有關開財運，有一件事情要做，就是通報你們的土地財神（就是土地公），請求土地公告訴財神爺：「我現在財運遇到了困境」，財神爺那邊就會知道了，

因為祂們是一層層往上通報的。

你想要越級上報，怎麼辦？

可以使用你的財神卡，就可以直接越級上報了。

但是，如果是關於工作上的財運，或者是你真的失業了，這類事要通報你的土地神，因為祂掌管你的福。所謂福德正神，就是你的福跟你的德是由土地公來管理的。

豬年在財運上面最重要的開運大補帖，就是善用綠色淨水瓶、招財卡，或者是直接稱唸「恭請財神爺、恭請財神爺、恭請財神爺……」這樣子連續稱唸九句。

記得，財神爺喜歡吃地瓜，你去拜祂時要拜地瓜，或者是你就吃地瓜給祂看，真的！祂自己說的，祂們就愛看人吃地瓜。

也就是說，你就恭請菩薩九句、恭請財神爺九句，然後就說：「我吃地瓜補財運。」你就吃地瓜給祂看。不開玩笑，是真的。

地瓜不管蒸的、烤的都好，當然烤的會比較好，如果你是要做房地產的，一定要用烤的；如果你是其他產業的，可以用蒸的。不管是去拜財神爺或拜土地公，你都可以拜地瓜。

有人說：「土地公因為很老、沒有牙齒，所以祂們要吃軟軟的東西。」其實祂們很喜歡吃甜的、軟的，不是因為祂們老，也不是因為祂們沒有牙齒，祂們就喜歡吃甜的、軟的東西，不喜歡硬的，因此，你就不要拜太硬的東西，你明明知道祂們喜歡軟的，就拜個棉花糖、軟糖、巧克力……那種不用咬就會融化的最好，祂們都是喜歡軟的。

拜土地公拜什麼最好？土地財神爺最喜歡什麼？

有一次，我們要去拜祂的時候，祂跟我們指定說，祂最喜歡這些東西：孔雀餅乾（因為含了就會軟掉）、巧克力、棉花糖、熬得軟軟的熱的花生湯、熱的紅豆湯，還有麥芽棒棒糖，不管你是到全省各地的土地公廟，祂們都喜歡這些，所以，你若帶這些東西來拜，祂一定會愛死你。

賺了錢，要做善事。如果可以，日行一善，每天都做一件善事。

●有人問：「請問財神爺，我們都知道正財就是努力，那麼，偏財的話，是須具備前世帶來的福德？還是到底有什麼特質？」

有人說，正財是靠自己工作上的努力，那麼，偏財到底要怎麼樣才能旺？

財神爺說，偏財一定要靠福德，福德就是心存善心、勤做善事，就能夠靠福德累積偏財，也會容易中意外之財。

為什麼很容易中意外之財？什麼人很容易中意外之財？

善及他人方便。

善及他人方便的意思，就是給別人方便。

例如，這個東西擋在那裡，我把它撥開，讓大家好走路。

善及別人方便，給別人方便，為他人著想，這種人就是具有強大的善心。

因為他不管別人有沒有需要，他不是等到別人有需要才去做，他是先想到了別人可能有需要，想到不要害到別人，給別人方便，這種人先具有善心、善功德，一定會中意外之財，在他的功名錄、福德簿上就已經先具有偏財運之首要條件了，就是優先順位。

所以，要怎樣增加你的偏財運？

先增加自己的福德。

而說話容易出口傷人、愛說諷刺話語的人，就會有損自己的福德，所以不要亂說話。

有時候，你以為你講的話沒什麼，但因為每個人對語言的敏感程度不同，有的人天生就非常的敏感，所以，我們在言語表達上儘量不要讓人引發猜忌、猜疑等不好的感受。

你就講清楚，多講好的話，人家就不會猜來猜去說：「你這句話是什麼意思？」「我沒有啦！沒有啦！早知道不說了！」這樣子，會不會讓人家覺得心裡面不舒服？

什麼叫做不好的語言？

讓人心裡產生疑慮的、不開心的、害怕的、恐懼的，就是不好的語言。

所以，你們每次問事時，我都會說：「你可以的，加油！」

每次都要說加油，菩薩也是。

有人問：「如果沒有偏財運，一直覺得都沒有中樂透或什麼，就不要投資嗎？」

菩薩開口了：「平安就是福氣。」

迴向

●有人問：「如果我們有手抄經文，要怎麼樣迴向給祖先或是冤親債主？」

如果你有手抄經文的話，在抄完的時候，就可以做迴向了。

有些人不知道抄完了該怎麼辦？抄經文最主要的目的，是在你抄的當下，幫助你靜心。

抄完了之後，有功德，你可以做迴向，可以迴向給你的冤親債主、迴向給眾生、迴向給個人、迴向給你的歷代祖先，都沒有關係。

抄完了，如果你要把它化掉，就拿去土地公廟或是拿去觀音寺化掉，都沒有關係。

有的人會想堆放成一疊，也沒有關係，不要太在意你需要用什麼樣的形式來化掉你手寫的經文。

如果你擔心：「寫了一堆，不知道要找哪個地方化掉」的話，那麼你就用唸的也可以。用抄經、唸經的方式，都可以。

有人問：「需要先恭請菩薩嗎？」在寫完的時候，可以恭請南無觀世音菩薩作主，將此部功德迴向給誰誰誰，這樣就可以了。

在迴向的時候，也可以說：「我要迴向給我的爸爸、我的媽媽、我的……。」迴向給這麼多的人，有的人會擔心：「我才抄一部經文，會不會一人分到前半段功德，另外一人分到後半段？那我爸媽怎麼辦？分到後面五個字？」

不是這樣子的！

當你說：「我要迴向給冤親債主，我要迴向給歷代祖先，我要迴向給我自己，我要迴向給眾生」，是每一個人都得到這一部經文的功德，經文功德不會被分成四分五裂，不會有這樣的問題。

騎摩托車等綠燈時，可以唸六字真言「唵嘛呢叭咪吽」，或是一直唸「南無觀世音菩薩」。

上廁所時，也可以唸經。有的人會說：「唉呦！怎麼可以這樣？對菩薩不尊敬！」

有的人對經文有很大的誤解，就是：「我在上廁所的時候，持經文是一種污穢。」你上廁所時，在那個當下若是靜心的，什麼都不想，人生在通體舒暢時是一種修行，也很好啊！

何必去在意菩薩會在意什麼？因為你已經先罣礙了。

菩薩都不在意、不罣礙的事情，有的時候，是人自己先罣礙了。

就像你們聽過有人說：「我披麻戴孝、我帶喪，我不能進廟裡面。」這樣的說法，是對神明的誤解。

道教很常說：「你有月事，你是污穢的。」女生只不過是因身體的構造而有月事，這是污穢的？那麼，三天沒洗澡的男生不是更髒？

所以，人的污穢不應該是用身體的乾淨程度來代表，而是一個人的心。

假設我今天有月事，今天服喪、帶喪，我要去廟裡面，菩薩怎可能會說：「你不要進來」？

你這時候帶喪，心裡這麼難過，就是需要神佛保佑、神佛給予安定力量的時候，所以，菩薩都是張開雙手的：「快來我的懷抱，我給你安慰。」

所以帶喪時，有的人進了廟裡後，會把喪服拿下來，便直接進去。

為什麼要把喪服拿下來？只是為了不要讓有些老人家說：「唉呦！你怎麼進來？」只是為了要方便而已。

其實，你戴孝，穿個外套進去，不應該有人叫你出來。

菩薩認為，這時是你需要祂的時候，祂沒有在分別眾生是什麼樣的等級，沒有在分別眾生現在是什麼樣的處境、什麼樣的身分，或現在有沒有月事。

所以，當你們需要菩薩的時候，就可以跟菩薩說話，就去菩薩的清靜廟宇裡，去接近祂。

福祿壽爺爺

福祿壽三尊，我都稱祂們為福爺爺、祿爺爺、壽爺爺。

福爺爺祂是專門在賜福的。人生中，當遇到大大小小的困境時，都必須要為人有福氣，我們才能夠成為一個有福之人。

當你成為一個有福之人時，就會遇到貴人，化解你的困境。

當你成為一個有福之人時，你就會有更多的福報，還可以把福氣施予別人，所以，福氣對一個已經很努力的人更重要。

福氣也象徵著一個人的福德。

你要不要成為一個有福德的人，就看你今生有多積極，有多認真，有多麼不怕苦。這是福爺爺給大家的祝福。

祿爺爺是一個比較嚴肅、公正的神，祂也掌管著大家的功名利祿。

一個人絕對不可能不努力就能成功的。在成功的背後，一定付出了許多的努力，所以，沒有人的功名是白白得到的。就算有再多的福德，也一定是靠著自己的努力而得來的。

你希望有很多人對你好，你勢必要先對他人好，這樣，你在其他生活方面的利祿，才能夠不愁苦，才能夠不憂愁，才能夠不愁吃、不愁穿，要什麼有什麼，要功名、有成就，都必須要有福跟祿。

一個人有了錢，有了很努力的動力，有了很積極正向的力量，但更重要的是，你要好好的活著。

所以，我們法會送的壽桃，它不是真的可以延續你的生命，但它可以給你健康長壽的好福氣。

希望你們不吝嗇的把壽桃拿回去，跟你最親愛的家人、最愛的朋友一起分享，把所得到福祿壽三尊所加持的這一份好運，跟他們一起分享。

因為你希望他們跟你一樣好。他們好，你就好；你好，他們就好。

你會發現，當一個不自私的人，是一件很快樂的事情。

當一個可以給予別人好能量、好福氣的人，是一件非常快樂且覺得驕傲的一件事。

法會中與菩薩對話

有很多人都發現，自己的運氣沒有很好，但是自己真的非常努力。

我們一定看過，我們身邊的人或自己發生過這樣的事情：「我已經很努力，我在工作上很認真，可是為什麼升官沒有我？加薪沒有我？討人厭的出差一定是我？沒有人要做的事情也是我？家裡面那麼多兄弟姐妹，為什麼要做很多的是我？被打的是我？明明我做最多，但我被罵最多？」

其實，這都關係到了一個人的福祿壽。

一個有福氣的人，他做事情可以輕而易舉的成功，因為他這一世就是帶著很多的福德來投胎的。

別人做得半死，一天做八個小時，他只要一天工作兩個小時，但他賺的錢比別人多，於是我們就說他很好命。

既然他是含金湯匙出世的，但我不是，怎麼辦？我就要想辦法為自己多增加一點福氣，多增加一點財氣。要怎麼做？

一直不斷地做善事、唸經迴向給自己的冤親債主之外，最重要的是，你在你的家庭裡面，是不是能夠堅守孝道？不管爸爸媽媽怎麼唸你，你還是知道孝道為基礎，你不會反罵爸爸媽媽，你不會不孝，不會讓你的父母親生氣，這是基本的孝道。

再來就是，你可以在這個社會裡多一點布施，你若有經濟能力你多布施金錢，你沒有經濟能力，一樣可以用愛布施、語言布施，例如給人家擁抱、給人家鼓勵，布施不是只有有錢人才可以做的。

你想要增加福德，想增加好運，轉運真的很重要！如果你真的很想轉運，你能祈求誰？你只能祈求神明來幫助你轉運，再加上你自己願意為自己而努力，我們的福就會與日俱增。因為你懂得如何堅持當一個善良的人，你的福德會日日俱增。

譬如說，以前的你是一個脾氣很暴躁的人，但現在開始，你講話慢慢講，你改變了你的個性，改變你的脾氣，漸漸的你會發現：「我改變脾氣、個性、觀念、想法之後，我遇到事情了，忽然間變得很好了！」

這就代表著，你自己願意努力，所以你的運氣也一起做了改變。

這就是我們要講的，你想要祈福好運，利用祈福法會來幫助你轉運開運。過去的你可能很倒楣，可能有好處都不是你拿，希望透過法會可以開啟你的好運，從現在開始，除了能幫助你財源廣進之外，也希望透由你的努力，讓所有的好事都發生在你身上，但前提是要努力！而不是參加完法會之後，回去就覺得自己要發財了，這可能是一個困難點。你還是要很努力地去做你該做的工作。

這就是祈福法會很重要的事，我們一定要利人、利他，也就是我們有能力之後，有一天，我們也可以試著幫助他人。

菩薩說，祂雖然看大家很積極的在加持東西，但祂看見背後的意義是你們想要更好，你們更好了之後，你們要把這一份愛傳下去，要傳給更多的人。

例如有人告訴你：「有人叫我去宮廟祭改。」你跟他說不用，你教他：「可以自己跟菩薩說話，若要收驚，自己可以用艾草條收一收就好，不用錢。」

家裡有艾草條的，自己收驚就好，可以稱唸：「恭請南無觀世音菩薩」九句後，用點燃的艾草條，繞頭頂三圈、前胸三下、後背三下，最後放在腳下跨過去，收驚就完成了。

如果你很認真在學習，你開始接觸菩薩，你該知道，菩薩無所不在。

有一天，半夜兩點多，菩薩叫我看手機，我打開一年愛班專頁的訊息，兩點七分有人傳訊息給我，我兩點九分打開訊息，他說爸爸病危。

我問：「爸爸名字叫〇〇〇，對嗎？」他說對。

我跟他說：「很抱歉！我要跟你說，菩薩要接走爸爸了，請你唸……。」他不能接受，可是這是沒辦法的事情。我就告訴他要怎麼樣恭請佛菩薩，怎麼樣請菩薩來引領爸爸。

過了一段時間後，菩薩又叫我看手機，菩薩叫我跟他說，菩薩接走爸爸了！

我告訴他：「有確定接走爸爸了！」讓他安心。

其實，我們所發生的所有事，菩薩都在。

有一次，助理跟我說：「我真的很不舒服，我今天晚上可不可以關手機？」我說：「你就關機，萬一今天真的發生什麼事情，有人要找我，一定有辦法找到我的，因為菩薩會讓他有辦法找到我。」那晚，助理關機了，結果半夜三點多的時候，我肚子很痛，起床拉肚子，拉完了之後，看一下手機，有人求救！

大家可能看不見菩薩，不知道世界上是否有菩薩，但是你要相信，這世界上真的有菩薩在。就像我們常講的，你看不見愛，但你有感受到愛。

我們所做的一舉一動、一言一行，都被菩薩關注著。所以，當你被欺負了，你受到苦難了，你所經歷的，菩薩跟你一起看著、體驗著、感受著。

你用不好的方式捅了對方，你被菩薩看著，你被打了負分！

不管他怎麼對你，你不用不好的方式回他，因為你是善良的，而你的堅持善良，是菩薩肯定的。

你看不見菩薩，但你的生命當中，有菩薩時時關注著。

不管任何事情，遭遇任何的困難、困境，你只要想跟菩薩講，很簡單，「恭請南無觀世音菩薩」九句就可以了，這是菩薩最大的希望。

人不可能，也不可以永遠都用錢來解決問題。如果宮廟裡面的人告訴你：「我幫你祭改、做法會、燒金紙，就可以處理掉你的冤親債主。」

請問一下，如果你是冤親債主，你已經夠氣他了，他還用錢來打發你，你會不會更生氣？會啊！

你以為這件事情用錢就可以解決的嗎？祂要的不是你花錢祭改去處理掉祂，祂要看到的是你懺悔的心。

所以，只有真的發自內心的懺悔，才能讓我們的冤親債主願意消氣、放過我們、原諒我們，我們的人生才可以重來，我們的人生才可以更好。

如果有人告訴你有冤親債主、要花錢處理，你可以跟菩薩說：「菩薩！他這樣說，我真的很害怕！」

然後，你可以去大廟走一走、去行天宮免費收驚、去晒晒太陽，並多做些好事，迴向給你的冤親債主，總比你把錢拿去給人家更好，神明辦事絕對沒有要收任何人的錢。

上網去看「教育部學校教育儲蓄戶」平台個案，把那些錢捐給弱勢孩子們吃飯，把功德迴向給冤親債主，是不是也很好？

賺錢很辛苦，把錢用在刀口上，用在真的需要被幫助的人身上。

願心祈念超渡祈福法會

我們在每年都會辦兩場免費的願心祈念超渡祈福法會，這是不燒香、不焚化金紙的法會，全部都用自己的意念、念力來完成這場法會，讓你們所唸的經文功德，都能夠被冤親債主、歷代祖先跟往生親人看見，啟動跟你們之間的連結，便能把所有的經文都迴向給冤親債主、歷代祖先跟往生親人。祈福法會，千人共同祈福的願力強大。

佛菩薩都非常慈悲，因為不捨眾生苦，感受到人生的無常、身上無名的病痛、突如其來疾病的發病疼痛，所以舉辦法會。

法會除了安定眾生的靈魂之外，還希望大家擁有健康快樂的心情，去面對我們的未來，並且希望可以安定大家的心。

面對環境的變遷、生活與食物的影響，引發了許多疾病，讓人身體不適或引起病痛，這些都是我們可能會面對的問題。

正與病魔搏鬥的人，都需要一份法會祝福的力量。

心理健康也正是我們需要關注的部分。對我們來說，身體上的疼痛是肉體上的痛，而有些人對於過往的傷害，所產生的心理上疼痛或是心病，那樣的煎熬，也會讓人感到非常不捨。對於不願意面對過去、不願意放下傷痛、太過於在乎而不願意放下、無法繼續前進、缺少正面能量的眾生，菩薩藉此法會，希望大家都能吸取健康快樂的好能量。

對於突然離開的亡靈、在身體上遭受痛苦的亡靈、已經往生的親人，希望法會可以讓祂們修復靈魂，讓受傷或生病的傷痛得以復原，讓祂們不要帶著疼痛的記憶投胎輪迴。

法會最重要的，就是帶著懺悔及虔誠、感恩的心來參加，希望可以藉由菩薩的帶領、我們的心念，超渡我們自己的歷代祖先、往生親人、冤親債主，讓祂們跟著佛菩薩去修行。

菩薩說，歷代祖先是跟你有血緣關係的，你要牽動祂，其實就是一個意念：「我是你的子孫，你跟我一起來法會，我自己超渡你們。」

你說：「我又不是師父，我又不是老師，我哪有辦法？」當然可以。

大家為什麼要這麼大聲的唱佛樂？因為你們的歷代祖先、你們的冤親債主會聽聞聲音，所以要非常大聲的把它唱出來。你的歷代祖先跟你有血緣關係，所以當你唱了，祂便知道是你來了。

何以叫做冤親債主？在你累世前世，不管幾世以前，祂跟你有很多的糾結，祂不放過你，祂不願意放下，所以，每一個時期有每一個時期的冤親債主。

上次我們做完法會，可能送走一批。現在出現的這一批，可能是過去累世不知道什麼時間點，跟你有怨念的、有連結的，祂又出現了，或者是祂之前沒有離開的，現在你把祂帶來法會，然後請你的冤親債主看一看，你已經變得不一樣了。

過去的你，可能沒有經過修練，沒有經過修正，沒有經過改變，而傷害了對方。

現在的你，需要做的是真心的懺悔：「我不知道過去世，我怎麼樣傷害了你，但你一定對我有不滿，不願意放下，不願意原諒我，所以，你才會跟我到這一世來折磨我、阻礙我，讓我不開心、不快樂。」要感謝祂願意給我們成長的機會。

你要感謝祂願意跟隨著你一起來法會，讓祂看見你在這裡為祂唸經、為祂誦禱，深深地做懺悔，讓祂們可以看見你來參加這場法會的現場，有這麼多的佛菩薩。

祂要度化、要離開，祂原本可能不安心，祂不知道到底要跟誰走，可是祂在現場看見了這麼多的菩薩，祂會安心，祂會知道：「這一定是安全的，所以我可以跟著佛菩薩離開。」所以你只要越虔誠，越發懺悔心，絕對可以完全地送走祂們，你的事業、你的健康、你的生活就會更加平順一點。

還有，我們的親人可能在近期往生了，也可能在十年前往生了，只要祂還沒去投胎，祂都是跟我們最親近的人。希望祂可以來參加法會，希望可以跟菩薩離開，然後彌補、增添祂們的福壽，讓祂們到未來世投胎的時候，可以到一個好的人家，可以把我們的福德一直不斷地迴向給祂。

你若參加完法會，明年度祈福法會你當然可以參加或不參加，因為你現在所做的功德都會給祂們，就算你的歷代祖先可能已經是幾百年前的了，祂可能早就已經投胎了好幾世，你依然可以把福德迴向給已經投胎的祂們。

有沒有發現，有些人在這一世含著金湯匙出世，都不用工作就有錢賺、有房租收。怎麼那麼好命呢？這是因為祂們可能在前世就有很多的子子孫孫做了很多的功德給他。

所以，不要因為親人已經投胎了，你就不做功德給祂了。你可以一直記得祂，一直做功德給祂，因為唸經、祈願、發願對你來說，只要專心、專注就可以完成的事情，那麼，為什麼不幫祂們呢？

希望大家用自己的心念，來超渡自己的冤親債主、歷代祖先跟往生親人。真的要發心發願，誠心誠意，要發懺悔心。

菩薩說：「引發善，可以善緣成就。」

用你的善心善念，可以讓這個善緣更加地成就圓滿。

你跟祂之間也許有惡緣，但因為你發心善願，發心善心，可以讓這份惡緣也變成善緣。

讓祂在你的祈念之下，可以超渡祂，讓祂跟著佛菩薩離開，所以，今天你讓祂們找到了一個方向，可以跟著菩薩回家。

如何讓祂們放下？就要看大家在人生當中做了多少的努力跟改變。

我們的真心懺悔，不只在法會進行的當下而已。如果只在那個當下懺悔，後來又變回原來的你，你的冤親債主會怎麼想？

拿出我們的誠心誠意，來度化我們的冤親債主。希望藉由我們的願力、念力，幫助我們的歷代祖先、冤親債主和我們的往生親人，可以跟著佛菩薩同往西方極樂世界，能夠離苦得樂，可以帶給我們真正的菩提心，讓我們更順利。

法會所有的事情都是以誠心誠意為主。如果你沒有誠心，坐在這裡，也只不過是坐著而已。

但是如果你有心，就可以度化你的冤親債主。

這是一門功課，這是一份精進。

請用我們懺悔的心稟報菩薩：「我叫什麼名字，請求菩薩帶領我的歷代祖先，帶領我的冤親債主，帶領我的往生親人前行，一同參加法會。」

菩薩會帶著大家的冤親債主、歷代祖先、往生親人跟著你們進場。

心中要感謝你們的冤親債主、歷代祖先，願意跟著你們一起到法會。

菩薩用慈悲、柔軟、和諧，引領祂們一同與我們同在。

希望在這場殊勝的法會之中，能夠去除祂們的怨苦，能夠得到快樂與平靜，能夠讓我們的懺悔、願力、念力，化解祂們心中的不安，讓祂們跟著佛菩薩離開。

法會開始，用你的願力、念力、懺悔、虔誠心，一起來完成超渡祂們的儀式。

你的往生親人就伴隨在你旁邊，你的冤親債主也在這個空間裡由菩薩護持著，祂們正在看著我們，讓我們細心的為祂們唸經，為祂祝禱；祂們正在看著我們，我們要盡我們的誠心誠意來稱唸，讓祂們看見我們的改變。

法會進行當中，剛開始的一個階段，會由護持的同學們一直不斷地稱唸六字真言「唵嘛呢叭咪吽」，幫大家護持著，其他人就把自己的祈願文拿出來唸。如果你唸完了祈願文，也想要加入一起唸六字真言，你們就可以跟著他們一起護持。

護持的福德是非常強大的，所以，大家也可以跟他們一起唸。

第一階段，我們會先唸六字真言；第二階段，我們會唸藥師心咒，這些共振的磁場跟能量，是為了要讓我們的冤親債主、歷代祖先、往生親人、無緣的孩子或無緣的毛小孩，可以經由這些佛號的共鳴磁場，跟隨著佛菩薩回家，讓祂們放下執著，然後可以接受佛號的引領、指引，回到該去的地方。

所以你越誠心、越聚集心神，灌注其中，你一定可以用你的念力，來超渡祂們，超化祂們，讓祂們跟著菩薩離開。

大家唸完自己的祈願文之後，便可以靜心的加入護持的團隊，然後一起來唸六字真言和藥師心咒，或之後有唱誦佛號時，大家也可以跟著一起唱誦佛號，用你的力量唱誦出來，給予的功德絕對是最大的，而它最後還是會迴向到參加者的身上來。

不管你今天是抱著要超渡冤親債主、歷代祖先或是往生親人的心情，祂們都可以得到你所給予祂們的最大福德，所以請大家靜心、盡情、專注的稱唸佛號。

我們要送走我們的歷代祖先、往生親人、還有我們最尊敬的冤親債主，希望祂們能夠跟著佛菩薩的腳步，一起到西方極樂世界去。

我們一起稱唸佛號，希望祂們可以與阿彌陀佛一起到西方極樂世界去，用最懺悔的心，希望菩薩能夠指引祂們、引領祂們到西方極樂世界。

也希望在世的我們，能夠更努力地做更多的功德，贏得祂們的諒解，並讓祂們放下，我們誠心祝福，希望在未來的日子裡，能夠化解困境、越挫越勇。

謝謝我們的歷代祖先、往生親人以及我們的冤親債主，謝謝祂們願意與我們同在，感謝祂們願意接收我們此生深深的懺悔，深深的祈願，深深的願念與願力，希望這些心念能夠轉移成慈悲與柔軟心，讓眾生都能放下，讓歷代祖先得以成就圓滿，讓冤親債主能夠原諒、釋懷、放下，圓滿我們的生命，成就我們人生當中重要的課題。

也珍惜往生親人曾經對我們的護佑與看顧，謝謝祂們此刻與我們同在，感謝！感謝！非常感恩！

請你深深的跟你的往生親人說聲感謝，希望祂能夠好好的跟著佛菩薩離開。

然後，也謝謝我們的冤親債主，感謝我們的冤親債主所給予我們的人生智慧。也許，我們在前世做了一些不該做的事情，傷害了祂們，在此，我們都願意發心懺悔，希望祂能夠接受我們的道歉並放下，讓我們今生可以得到更多的幫助，未來，我們會用更多的福德迴向給祂們，希望祂們在來世能夠得到更好人家的照顧。最深、最真摯的一鞠躬，謝謝我們的冤親債主給我們機會懺悔，請祂們跟著菩薩一路好走，願意放下，願意給我們最多的祝福，我們也願意給祂們最多的祝福。

深深的懺悔，深深的祈願，祈願所有的歷代祖先、冤親債主以及我們的往生親人，全都一路好走，前往西方極樂世界，離苦得樂。

用我們的真心真意，善待我們的冤親，祝福我們的往生親人，超渡我們自己的業力。

也同時希望更精進我們自己，從自身做起，懺悔我們的罪業，請求寬恕，放下一切，迎接全新的自己。

菩薩的話

●菩薩給大家一句話：「用善引領一切的善緣。」

用我們的善心善念，引領一切的善緣。

只要你是善念善心做引導、發起的，你回饋的絕對會是所有的善緣。

當別人罵你，故意找你麻煩，請你告訴自己：「我要結善緣，所以他對我的惡，我要能夠放下，我要用善去回應他。他再對我惡，我還是用善。他再對我惡，我還是善。」

這就是菩薩講的，堅持善。

不管他怎麼對我，我就是要用善的回應。

有些人會說：「我幹嘛要一直忍？」這不是忍，這是接受跟包容。

因為你知道他就這樣，你不要想去改變他，你去接受、認知他就是這樣，沒有什麼好生氣的，他的個性就是這樣子，就是急了點，沒關係，我都接受，我就不會生氣了，就不是在忍耐他了，而是包容他，因為了解他。

你就不會覺得說：我一直在被欺負，人善被人欺。

因為善良而被人欺負，是一件好事，因為至少證明了：你是善良的。

有人說：「善良的人很笨。」但是請你相信，善良的人不笨，善良的人才聰明。

因為他知道：與惡為伍，沒有用；以善為根本，才是真正面對人生的態度。

我們願意此生都不斷地奉行念轉運就轉，用你們的念力改變你們的個性，改變你們對事物的態度，從而改變你們的命運。不用相信做法事、祭改會改變，只要從你本身個性開始改變，變成一個善良的人，變成一個和善的人，你的命運就會因此而改變了。

菩薩給予大家最多的祝福，也期待著你們所有的美好都因為你們的善念而引發。

請大家多幫助別人，你要拿出你人生的態度，從此以後，你要成為一個改變你自己、幫助別人的一個很棒的善行人。

●菩薩說：「人生為預，人生無預，順之且可。任預而順，生命有常。」

預，是預之、預知、預支。

有常、無常，其實跟因果有關。

有時候，我們會說：「我們沒辦法掌握。」是沒辦法掌握，但是，我要做好萬全的準備，它就會得到比較好的結果，是一樣的意思。

有常、無常，有時候與本世的因果有關。

所謂的本世因果，就是我現在做了什麼（是一個因），我會得到什麼結果。

一個人很努力，就會得到圓滿的成果，也未必是成功，但是，是完成了某一件事情。

因，努力；果，完成。所以有因有果，是很重要的。

●菩薩說：「人何以為人，天何以為天，地何以為地？總是在天、地、人當中，串起必須要有的經歷跟變化，從這些支柱當中去看到平衡，從這些支柱當中去看到每一個人事物、天地人之間應該保有的適當距離，才能夠撐起這一片天、地、人對應的關係。從脈絡當中去看見生存，從生存當中去看見智慧，從智慧當中去瞭解跟接受。能夠平靜，能夠有所得。」

人何以為人，天何以為天，地何以為地？

其實都是守在「本位」上的意思。

支柱，是指支撐、規矩、規範。

為了要撐，規矩、規範是不會動的。

規矩、規範不會動的時候，其他東西動，怎麼辦？

會影響到這個支撐點。

規矩、規範是支撐點，其他東西如果動了，這個支撐點也跟著動的話，那規矩、規範就垮了。

所以規矩、規範，不能動的，就是不能動。

菩薩說：「因果為應，相因為本，本位而置，置人於生。」把這話放在人生當中，是有用的。

●菩薩說：「有些糾結苦惱是你自己的心衍生出來的，你就要自己想辦法去消滅它們。」

你會去這樣想，但未必人家這樣想；你會這樣做，未必人家想你這麼做。

這怎麼辦？怎麼去分到底是你要我做，還是我要我做？

其實，憑你自己的心，決定怎麼做，你就怎麼做，不一定要找到標準答案。

如果你心裡面一直在找標準答案，你會過得很辛苦，因為這世界上很多東西沒有標準答案可以找、可以問，那個標準答案其實是在你心中。

而這標準答案怎麼出現？

是你反覆思索了很久，覺得自己沒有過錯，以及反省之後，覺得自己這一次可以做得很好的時候，這就是當下的標準答案。

●菩薩問：「大慈大悲，何作分別？」

大慈，就是菩薩在安排的時候，都是用慈悲心在安排的，過程中一定會有很多的波折、很多的困難，但祂一定都精心安排過。

祂們不會刻意去製造悲劇，不會為了要懲罰你而讓你眾叛親離，一定會讓你在這當中學習到什麼。

大悲，就會產生願，願就會產生力，所以有一個詞叫做「悲願力」，就是這樣來的。

倚無量佛，得無量心。
無量善，盡在無量慈悲中。量中有喜，量中有無限法。
只要有慈悲在，世間就無對錯。
唯獨心證，證心證何。

唯善止懼，唯愛止恨。

●有人說：「最近很多地方都蠻多災害的……」

這就是給人們一些警惕，我們太傷害我們居住的環境了，所以我們的環境會反撲。

同理而論，我們常常傷害我們身邊愛我們的人。

無形付出的、無條件付出的人，你都不曾真正在意過他們，等到要失去他們的時候，或者他們反撲的時候，你才真正意識到你曾經很無情地、不在意地毀壞了他們對你的愛。

環境也是一樣，人也是一樣。

如果你今天很自然地、很愉快地接受了別人對你的愛，你越不在意、不曾努力地付出過，那麼，他有一天也會反撲，也會收走他對你的愛，他也會累，也會倦。

所以，處理任何環境，對待任何的人事物都應該這樣。
越在你身邊默默付出的，越在你身邊默默保護著你的人，你要越愛他。
就像我們的父母親，小時候，父母親是怎麼陪伴我們長大的？
你們當過爸爸媽媽的，有沒有發現，你們在陪小朋友的時候，經常是：「來，吃一口！來，慢慢走！來，我陪你玩！」
那為什麼父母親老了的時候，我們不能：「來，慢慢走！來，我陪你！來，我餵你一口」？
為什麼是：「趕快吃啦！走快一點好不好！不要煩啦！不要吵我啦！」為什麼是這樣子的態度？
我們都應該反省一下，我們是怎麼對待我們最無怨無悔、無條件付出的爸爸媽媽們。
請你們每天抱抱你們最愛的人，然後，從今天開始，都說好聽的話，互相給予最多的祝福，為彼此帶來最強大、最堅定的勇氣。

●有人問：「農曆七月的時候，神明都休假嗎？」

菩薩說：「我從來不用休假，我從來沒有休假。」

請問一下，你七月份的時候就不用恭請菩薩嗎？你恭請菩薩，菩薩就不會來救你了嗎？

根本就是二十四小時全年無休，菩薩祂們從來都不會休息，祂們也從來都不睡覺。

●有人問：「佛經當中提到十萬億佛土、西方極樂世界，是在哪？」

佛經當中提到「十萬億佛土」，就是一個全然的宇宙，已經包含了所有的外太空、銀河……什麼都包含，就是一個宇宙、一個生命的源頭。

西方極樂世界，就是包含宇宙的東南西北方。

所以，我們往生後會看到一個光，那就是光的指引，我們會去一個地方，它就是一個空間。

有的時候，有的人在西方極樂世界，祂就是一個靈體定在那裡，靜止、什麼都不做，就像一個光在那裡，不動，祂沒有任何思想、沒有意識，祂就只是靜下來的狀態，祂沒有雜念、沒有雜質了。

什麼都不想，靜止的狀態，這是最高境界，很好！

●有人問：「為什麼有人要到處去追尋不同的老師？」

不管在外面怎麼去學習，最重要的仍是回到根本之處，就是自己。

你說：「他為什麼要這樣去追尋？」

他在找適合他的方法。

譬如說，你很幸運地找到了你的方法，你的方法可能是法鼓山那邊走一走、一年愛班這邊走一走，你會融合不同老師給你不同的東西。

因為你有學到，是你想學，這個東西才能留得住。

當他覺得這裡、這個東西已經沒有辦法滿足他了，他要外求，他會一直不斷

地去尋找適合他的，所以你不能否決他所認為的。最重要的是在自己。他總會找到重整自己的方法。所有的尋求，都是為了找到最適合自己的方法。

●有人問：「法師提到佛經的六明分想：『一切行無常想，無常苦想，苦無我想，觀食想，一切世間不可樂想，死想。』是從人的生理需求走入心裡層面，講述修行方法和步驟嗎？」

這些都離不開「受」這個字，因為它全部都是自己的感受，我覺得我是怎麼樣，我覺得我已經做到了這些，都是自己感受的問題。

而這感受全部都是由心裡面去感覺出來的，我們做的這些事情都是感受。

就心理學家 Maslow 的人類需求層次來說，我會先從外在的行為去感受，譬如說我吃飽了，我感覺到快樂，感覺到我被愛，感覺到被人家尊重，這都是從感受開始。

只是人是從膚淺的基層需要開始，要滿足最低層的生理需求，譬如說我不餓了，我吃飽了，我才能夠感覺到別人給我的快樂，我才能夠感覺到自我的存在。如果我今天連吃飽都沒辦法時，我就沒辦法感覺到快樂。

當我得到快樂的時候，未必得到別人的尊重，此時便會進而希望得到別人的讚賞，這是更高層的。

大部分人的需要都是在最基層，越基層越多人需要。不管你多清明、多清高，所有人一定都是從生理需要這一階層開始的，日常生活一定要滿足，這包含吃喝拉撒睡。

只有靈性覺醒的人，才會越往上面去追求，這些東西其實都跟「受」有關。所以，心到底有什麼感受，其實都是自己的。包含法師闡述六明分想，那些解說都是自己的感受。

法師講了這麼多的觀念，講了這麼多的感受，但最主要的是誰在感受？他在感受，都是自己來感受。

所以一靜一草，什麼感受其實都是自己的。

所以修行的方法、步驟，都不應該拘泥於文字，因為整體來說，這些都是自己的感受。

「死想」，終歸回到一個點，就是告訴你，你要去接受無常，人就是會死，不管怎麼樣，就是一定得死，這就是一種無常的感受，你知道了！

這個受，也算是一種接受。

你接受無常，你就會去有不同的感受。

發想的起點，一定是這個「無常想」。因為你一想了無常想之後，其實就算你沒東西吃，你也覺得人生是正常的！

無常想一開始了之後，後面的什麼想，都可以被接受，可以被感受到。

回歸到最原來的這段文字，其實很重要的就是在這個「受」跟這個「心」。

慈悲、愛就是心裡面的感受，這個力量才是真正的施無畏。

●有人問：「菩薩教我很多，但我智慧不夠、不擅長表達，所以在我說給另一半聽時，常因表達不當、時間點不當，反而讓他聽不進去，讓他造口業，都是我的錯。」

這不是你的錯。當我們聽到別人對我們說不開心的話，或是我們今天說了什麼話讓他不開心，反過來說我們，我們也可以不要造口業呀！

所以，任何的口業都是自己的，不是因為你說了什麼而造成他的口業。

每一個人智慧就是有限，可能有人很聰明，有人很駑鈍，有的人就是辭不達意。

當你在講的時候，他會輕易地因為你辭不達意就憤怒，他會輕易地因為你沒有表達正確就憤怒，那也是他的問題。

●位

處在什麼樣的地位，就做什麼樣的事情。

處在什麼樣的地位，就不逾矩，不做超過這個地位可以做的事情。

所以該你做的，不能逃避責任。

該面對的，要勇敢面對。

在什麼樣的方位，就做什麼樣的事情。

什麼樣的位子對你來講是最好的，你心裡面是最清楚的。

不要眷戀，不要害怕改變，要勇敢。

放下過去的傷痛

●我常常想起過去的傷痛，會害怕，也會無法振作，更不容易相信人，我覺得這些傷痛對我的影響很大，我該如何把握當下，活在當下？

菩薩說，平安即是福。有些人把傷痛放在心中，一直都沒有忘記過，想起的時候難過，傷害了自己，無法振作，傷害便延續下來了。

其實，過去發生的事情，都過去了，把精神與時間放在未來，只要全家人能夠平安，對我們來說，才是當下最重要、最需要努力的。

一個人如果可以學習放下傷痛，那麼，人生中就可以充滿和善、和順的好能量了。

所以，有時候不去想自己心裡面要什麼，只要覺得全家能夠平安、平靜、快樂、健康地度過，就是最大的福氣了。

漸漸地，你會開始感受到：有的時候，為了要滿足別人的欲望，犧牲掉自己的權益，在菩薩的訓練之下，你也會成就別人，只要不要妨礙他人的成長，不要阻礙了別人的學習，成全成就，對我們來說，也是一種寬容的課程。

當然，菩薩希望我們除了成就別人的需求之外，也要能夠照顧到自己的想法、自己的需要，學習表達也是非常重要的。

你可以跟你的另一半分享內心的需求與想法。

家人是我們永遠的支持、永遠的依靠，一旦有壓力，我們可以向他們訴說，讓他成為一個最佳的傾聽者，讓彼此的心靈能夠有所交流。

不要忘記，家人是我們堅強的後盾，菩薩也是你心靈上面最強力、最堅固的後盾。

●多愛自己真的是對的嗎？會不會讓別人覺得我很自私？

菩薩說，你這一生走得很辛苦，過得很辛苦，原因是因為你有很多事情都不能放下，你想要操控，想要控制，因為你擔心他們做不好、過不好，然後你會想著：「我吃苦就好，但我要給你們最好的！」

但到了這個年紀，卻還是這樣：「你們要吃好，你們要睡好，你們要過好，我沒有關係！」總是為他人著想，總是把最好的給家人。

事實上，現在應該要反過來稍微替自己想一下：「這麼多年了，你們吃苦就當作吃補，你們吃不好就要靠自己努力讓自己過得更好，你們睡不好，那是你們要學習放下的事情，從現在開始，我要讓我自己過得好！」

所以，菩薩希望你從現在這一刻開始，不用去擔心你的孩子，因為他們有自己的選擇、自己的經歷、自己的成長。

他們都很有出息，他們有自己的想法，你再怎麼擔心，也控制不了他們。

所以，你應該要去學習發展你自己的生活，讓你自己開心，比照顧他們還重要，他們都大了。

菩薩希望你現在要學習的，應該是照顧自己，想吃什麼就去吃，想做什麼就去做，想去哪裡就去，想走就走。

很多人為了家庭付出了一輩子，卻往往忘記了自己，這樣一味的付出，有時候反而成就了家人的依賴，讓家人忽略了你的需求。

菩薩說，吃了一輩子的苦，適時地要為自己享福享樂了。

有些人在年紀大的時候，可以開始享福享樂了，很重要的一個因素是，因為他可以放下控制、放掉憂慮，他可以不用再擔心孩子們的成長過程。

他可以不用再擔心孩子的生活跟工作的狀態，他能夠放棄控制的權力，能夠不操控生活當中所有大大小小的事情，他會認定，生活當中每一件事情，每一個家中的成員，都有其自然的發展，他們會遇到什麼課題，都是自己需要面對與經歷的，他放下了，只要在身邊祝福著，並開始在意自己想要做的事情了。

當你已經不再控制的時候，就是開始享受好命的當下。

不要管，什麼都不要管，不要控制，讓大家有自己成長的路。

●我覺得我的快樂變少了？我該如何生活？

這幾年來，在你臉上的笑容反而變少了，因為那個笑容都是硬擠出來的，憂愁跟責任反而增加了，一直不斷地在腦中思索著：怎麼做可以更好？怎麼做可以分擔家裡的負擔？怎麼樣可以找出最好的方法？

傷了很多的心，思考了很多，但也許都沒有辦法找到一個適切的方法。

菩薩說，你已經盡力了，在這些人身上，也許都有自己要學習的課題，以及自己要抗爭的過程，你幫不上忙，你只能看著他們成長、守護著他們，然後只能給予他們高度的祝福。

最後，還是要回歸到自己的身體，回歸到自己的心理，尋找讓自己可以活動的方法，尋找讓自己可以健康的飲食方法，尋找讓自己安心自在的方法，並讓自己睡眠充足，這才是菩薩希望你現在努力去規劃與完成的。

其他的事，都是小事。

關照自己

●了解自己不難，但是想要不委屈卻很難，總是希望看見別人也好，該如何努力才是正確的方向？才是成全了大家都好的局面？

菩薩說：你一定很瞭解自己，一定很清楚自己想要什麼。

所以，菩薩不用多說，你也看見了自己的改變，從悲觀到樂觀，從抱怨到不求回報，並訓練自己自立自強、自立自拔。

雖然，這過程有很多的拉扯，有很多的懷疑，但現在的你越來越好，讓你自己更喜歡現在的自己。

菩薩希望那個總是替別人著想、總是犧牲自己的你，能開始懂得愛自己，能開始不委屈自己、不強迫自己，不讓自己不開心。

從小到大，在你的成長環境裡，有時候會遭受到不平等的對待，讓你的心有些委屈，滿是受傷。

因為很努力的想要證明自己其實不是別人眼中所說的那樣，所以，花了很多的時間，盡了很大的心力，改變你自己，為的只是想要得到別人的肯定、別人的讚美。

所以在你的人生當中，花了很多的力氣去促使自己成長，讓自己達到別人口中所謂比較好、比較完美的人生。

菩薩說，其實，你的努力一切都已經夠了，不要努力去讓別人迎合你，或是努力讓自己去迎合別人。

應該是要開始觀照自己，關心自己到底需要什麼、渴望什麼，想要得到什麼了，而不再只是關心別人想要什麼，問家人想要什麼。

應該問問你自己想要什麼了，要開始懂得照顧你自己，不要只是關心別人要什麼。

如何才能不壓抑，真正做自己？

菩薩說，你的人生太過於壓抑了，一直不斷地壓榨自己去成就別人，壓抑自己去讓別人開心。

不敢做別人不開心的事情，不敢做別人不認同的事情，然後一直不斷地希望做到別人的要求，得到別人的快樂，讓那個人快樂，而並非讓你自己快樂。

菩薩說，是否應該要改變一個心態是：你做事情時，要先讓你自己開心快樂之後，才能夠去迎合別人所謂真正的快樂？

這幾年，你吃的苦頭也不少，受到的委屈、誤解很多。

但你都盡量告訴自己：我有學菩薩教的，我有聽到菩薩說的，不要去做太多的抗爭。

但總是要把心靈受傷的部分宣洩出來，找人說說話，找好朋友聊聊天，這是宣洩你心裡面焦慮、憂鬱很重要的事。人不可能一輩子都委屈的生活著，要受到公平的對待。

菩薩說，你這一生做事情都是小心翼翼的，偶爾為了自己跟他人之間的權益，平衡很久。其實，你應該要放大膽地去做決定。

有的時候，適時地為自己做些事、為自己著想，減少思考太久、躊躇太久而做出來的決定。

也就是說，當你在做一件事情的時候，你會把別人擺在第一位，而捨棄掉自己的權益，造成了自己內心的委屈。

而這內心的委屈，不是短時間的，而是長時間的，一直不斷地讓自己的心都處在委屈當中。

最後演變成：我不敢發表我自己的看法，因為我怕別人覺得我應該在我的位子、在我的角色上，不應該這麼做。

所以，就會越來越不敢說出自己想要的，不斷地壓抑自己，不斷地委屈自己，最後，只會造成我不知道哪一個才是真實的我，我真的想要這樣做嗎？

我已經搞不清楚這是我內心想要的？還是我必須面對現實，我就只能做這樣的選擇？

所以，菩薩希望你多一點的自主性，多一點站在自己的立場跟角度來想事情，才能夠讓你真正施展開來，真正做你自己要做的決定。

人不可能可以長期受委屈的，有一天會爆發的。

你一直努力地付出，只為了得到一些肯定。菩薩希望你在努力付出的同時，在得到別人的肯定讚美的同時，也不要忘記自己想要做的是什麼、自己渴望的是什麼，能夠仔細地訴說，讓對方知道，讓對方能夠支持你，這是非常重要的。

因為你不能夠繼續讓你的意見被淹沒在別人的語言下，你也要有適時發揮、發表的機會，也能夠說出你內心真實的想法跟意見，這是非常重要的。

一個人如果一直不斷地被壓抑，他也會不快樂的。

所以，希望你也能夠開始表達自己的想法，表達自己的意見，讓自己能夠在快樂且被支持的情況下，找到自己。

●過去的我常感到恐懼與怯懦，害怕承擔，但是，現在的我覺得自己變勇敢了，我希望自己能夠更清楚知道自己的未來，能夠真正的快樂？

過去，菩薩有告訴過你，不要委屈自己，要能夠學習展現自己的想法，展現自己的情緒。

如何讓自己在苦痛中找到快樂，在快樂中找到秩序，知道什麼樣的方式可以對別人很好、對自己也很好的，這是人世間當中最大的智慧。而如何能夠展現你自己包容的力量，也是非常重要的。

菩薩說，以前怯懦的你，別人說什麼，你不敢不做什麼。現在勇敢的你，別人說什麼，你未必要做。別人叫你做，你不見得會做，因為你只做自己想做的事情。

這是一種聰明的態度，也幫助自己看清了自己想要的。菩薩說，這個很棒！

一路走來，這些學習的過程，都讓你越來越成熟，越來越穩重，而且承擔了責任也不會說苦，承擔了責任也不會逃避。菩薩說，你變成熟了，長大了。

菩薩希望你繼續維持，而且放開心，能夠更開朗、更開懷。

在成長的過程當中，你一直不斷地記錄著自己的對與錯，一直不斷地反省著自己，很謙卑、很虛心的希望能夠學習再學習。

菩薩知道你的心是慈悲的，但是，不要讓別人濫用了你的慈悲心而委屈了你自己，也不要讓別人濫用了你的慈悲心而占了你便宜。

我們說，慈悲是要有智慧作基礎的。

有的時候，你必須要有所判斷，有所拒絕，還要能夠有所成長。

能夠盡量幫助別人的，你自己可以成為一個規範，能給別人依據，讓別人看見你所做的智慧決定。

但不要讓別人任意地在你身上予取予求，得到他所想要的利益。

你可以分享如何從沒有到有的境地，如何從是非對錯當中能夠學習成長，進而到虛心接受他人不同的意見，這是非常重要的。

你是一個典範，未來也會繼續是他人的典範。把你生命、生活當中的點點滴滴，與你的朋友做分享，絕對會帶給他們很強大的動力跟力量。

菩薩一直都認為，你是一個天生柔軟的人，懂得改變自己、屈就自己，然後完成別人的夢想，或是配合別人。

當然，這樣長期下來，會漸漸地失去了你自己想要的。但你因為能夠調適得很好，能夠身段放得柔軟，所以，你也不會覺得這苦有什麼。

也因為如此，菩薩眼中看見你一步一步在成長，承擔著家庭的責任，承擔著外界給予你的眼光，你依然能夠堅定做你自己，找尋到你自己的快樂。

這是非常好的，因為你瞭解自己的定位在哪裡，逐漸地知道自己該適合什麼、可以做什麼。

而且沒有人能夠讓你因為眼光、在意，或是屈就了別人的威嚇，而失去了自己的興趣，放棄了自己想要做的事情。

你已經越來越清楚而且能夠釐清自己想要的是什麼了，也就是說，你越來越認識你自己，知道你這一生到底在這邊做了什麼、需要做什麼。

只要是配合別人改變的同時，也能夠讓你學到、讓你有所成長的，那麼，你願意為了成長而改變。

但如果是為了委屈你而羞辱你的，你覺得你不會接受這樣的改變。

因為你喜歡的，是一種快樂成長之外，還能夠讓別人也能學習尊重他人，這個生活才是你真正想要的。

過去如此，現在如此，未來必然如此，快樂跟希望必定相隨著你。

尊重跟安全與愛，同等重要。

放手讓他們成長

●堅定助人的信念，真的對嗎？我有時候會有點懷疑，這樣繼續當好人，真的好嗎？

一直以來，你的心念都是堅定善良的。

能夠幫助他人，你絕對不會推卻；能夠助人為樂，你一定都是衝第一的。

但有時候，必須要盡力而為，量力而為。

不是所有的人、所有身邊發生的事物都必須由你承擔，因為有些課題在別人身上，是他必須要經歷跟成長學習的。

你如果關心太多、幫助太多，便少了一些可以幫助他們成長的動力。

所以，適時地觀察，有些事情可以幫忙的就盡力幫忙，有些事情需要量力而為的，不能苦了自己，便要懂得拒絕與取捨。

菩薩知道，這幾年當中，你心裡面的煎熬非常得多，有時候來來去去：「需不需要幫忙？可不可以做？」這些都是在你心裡面想了又想、執著了又執著、放下了又放下的。

但菩薩相信，在你心中，一定增長了不少智慧，你一定能夠瞭解這其中的意義。

●拒絕他人好難，承擔也好難，該怎麼做好人？該怎麼學習人生課題？

菩薩知道你很善良，所以別人的要求，你從來不會拒絕。

菩薩希望從現在開始，你要懂得照顧你自己，要懂得拒絕別人，學習拒絕別人。

你做不到的事情，沒辦法承擔的事情，那些壓力累積在你身上，痛苦的是你，睡不著的人是你。

所以，你現在開始要學習懂得拒絕別人，不要去承諾做不到的事情。

否則，你只會讓自己越覺得疲累了，感到整個被掏空了，最後，還接受了別人的指責，讓你覺得吃力不討好。

菩薩說，承擔了這麼多年，總該為自己放手一搏，為自己活一活。

不是所有的事情都必須要由你來做才能做得好，不是所有的事情都由你來背負才叫做責任。

有些事情是你無能為力的，無可奈何的，就應該要放手讓別人去做、去嘗試，因為你也需要休息，不應該把所有的責任都攬在肩上。

希望你利用這段時間想一想，有什麼樣的做法，可以讓你找回自己真正的快樂？

菩薩不希望再看見你為了別人忙碌，卻為自己想做一點快樂的事情而考慮再三。去幫別人做事情，你可以馬上去做；你自己想吃一塊蛋糕、想喝一杯咖啡，卻想好久。

讓自己快樂的事情，應該馬上去做才對。

你做任何事情都非常的認真，而且能夠體恤他人，能夠體察到別人還未察覺到的問題。

菩薩希望你在做事時，能夠更用心的善待自己，不要把所有的委屈都往自己肚子裡吞，然後讓所有的人都承擔美好，而你永遠地承擔苦。

菩薩希望在未來的十年內，你可以開始學習依照自己的心情、依照自己的想法去做決定，而不是只顧及到別人，而損害、犧牲、委屈了你自己。

●為家人做很多，我始終無法放手，我該怎麼做？

菩薩說，你為家人做的其實已經夠多了，但是，你若沒有辦法放手讓家人獨立去做一些事情，他們反過來會來埋怨你，你就會產生難過的心情：「我為家人做了這麼多，他們為什麼還要來抱怨我？」

其實，不是你做得不夠好，而是你不願意放手，不願意信任他們，讓他們去做應做的事情。

因為你太想保護他們，你不想讓他們受到傷害，所以你才會想要給他們一些保護，但反而適得其反，讓他們沒有辦法任意去伸展。

所以從現在開始，你可以放手，相信他們，讓他們自己去做。就算他們跌跤了，他們也會自己想辦法，那不關你的事，他們要自己處理。

你不能把所有的事情都攬在你身上。他們要自己想辦法，那是他們要做的事情，那是他們應盡的責任。你可以幫忙，但你沒有義務。

你不能把所有的責任都攬到你身上來，然後睡不好覺，擔那個心。並非沒有工作或是沒事的人就是要承擔這些的！你要教會他們。

放手讓他們成長，放手讓他們學習，未來，大家才能更好！

●每個人都說我善解人意，但這是委曲求全換來的，再這樣下去真的好嗎？

體認到別人的辛苦，能夠釋放自己的柔軟，是很好的！

因為能夠細心地體察到別人的內心需求，而能夠盡到最大的能力去幫助他

人，心裡面要夠慈悲、夠柔軟，才能做到這一塊。

善解人意，是你一直在努力做的。但如何能夠從善與慈悲取得平衡，不要幫過多的忙，而讓對方也能夠有所成長，是你在家庭當中的責任，是你在朋友當中的責任。

菩薩希望你做事情能夠更小心翼翼，更謹慎。

雖然委曲求全總是會有，幫助別人做出正確的選擇，也是你很願意幫忙的。有了更多的寬心跟包容，讓你在為人處事上面，有著很深的友情在。但有的時候還是必須放手，讓別人去做自己的決定，而不是你幫別人做決定。

凡事能夠更細心地提醒別人，是好事！但不能是你提醒完之後，變成你在做。

所以有的時候，你提醒別人，就讓那個人去做。而不是提醒他了，他說：「我沒辦法」，你就幫他做。

你還是要適時地讓他自己想盡辦法，完成不了才能拜託你，否則，你會妨礙別人的成長。

菩薩說，這幾年來，你非常細心地觀察了自己想要做的、可以做的、可以努力的，很實在地督促了自己。

但菩薩希望你能夠做更多，是為了幫助你自己找到真正的快樂。

●為了朋友，我付出了很多，很怕沒了朋友，失去了他們的信任，我常常為了能討好他們，做了自己不想做的事情，到底真正的好朋友會怎麼樣相互對待？

你一直努力地想要成為別人眼中的好人，然後就會開始犧牲自己想要的，委屈自己想得到的，只是為了贏得別人口中所謂的「人很好、很善良、很隨和」。

可是，幾年之後就會發現，人是善變的。

人在跟你相處好的當時，就會對你有好的對待。可是，當人有利益衝突、利益交換的時候，可能就忘了根本，忘了感恩。

所以，寧願在這個當下，選擇對自己好的。

善待你的，才是真正對你好的朋友。

真正能夠掏心掏肺看待你、善待你、希望你做對自己最好的選擇的，他才是真正愛你的，才是真正值得你付出的。

菩薩講的這些話，只是希望你能夠更清楚地知道，在你身邊，哪些人是真正對你好的。

在做任何事情的決策上，都要小心翼翼；在做出任何選擇時，也都要盡量站在雙方的利益上做考量。

照顧家人的責任及照顧你自己上，是同等重要的。

在照顧工作跟照顧感情上，你繼續選擇了能夠照顧到別人、顧及別人的想法、以及不讓別人受傷的心。

菩薩說，在這一點，你在生活當中是非常細心的。

但是有的時候，太過於委屈自己，成全了別人，有的時候，會慢慢失去了自己。是不是也應該要試著想：怎麼樣可以做到不委屈自己，並能成全他人？

在不委屈你自己的情況下，還能夠做自己，這才是人生中很重要的點，在現階段跟下一個階段才不會讓你的人生有遺憾。

有很多人都會遇到同一個問題，就是在現階段做的事情，都是對大家很好，對家人、對朋友、對工作或對同事都很好。

別人對你的評價永遠都是：「他人很好耶！他真的很好！他真的對人很好，很照顧我們。」

為了那個「他很好，他很照顧我們」這一句話，我們都很努力地做到了別人眼中的那個我們。

可是菩薩說：「再兩年看看，再一年看看，你就會忽然間領悟了什麼。」

很多時候，菩薩都會提及：這幾年你用同樣的模式，勞心勞力的一直犧牲自己，為了完美的成為一個別人眼中的你。

再過幾年之後，你會忽然間豁然開朗地發現：「我這幾年花了很多的力氣，在照顧旁邊的人，在營造我的形象、我的美好。我忘了我自己到底需要什麼，以及我是什麼。」

現在你不會覺得，幾年之後你就會覺得：原來我浪費了一大堆時間在一群根本對我不好的人身上，都只是虛幻於建構良好形象。你浪費了這些力氣在這些不愛你的人身上！很多人幾乎都遇到同樣的問題，都一直在當菩薩。

我們不是菩薩，我們要先救自己。

所以，我們現在應該有一個想法：我就算對我自己很好，真正愛我的人，不會因為我現在只對我自己好，他們就不愛我了。

現在還在你身邊真正愛你的人，他們是希望你也很好：「你要顧好你自己，我會顧好我自己。」

真正愛你的人，甚至於會幫你顧好你自己的，他也會把自己顧好。而不是他不顧他自己，花了青春歲月只顧你。

要是這樣的人，大家才可以一起成長，因為沒有利益交換，那才是真的。

●認識菩薩之後，我改變了很多，但是對於別人的批評，我還是十分在意，我該怎麼做才能平靜我自己的心？

菩薩說，你跟隨著菩薩這麼多年了，看見了自己的改變，我想你應該是很開心的。菩薩也很開心，因為你變得很不一樣了。

從以前大辣辣的，到現在可以懂得細心地去體會別人的需要，而且可以樂意地奉獻自己，不會去在乎。

但是唯一的缺點是，有時候，心裡面聽進了別人的話。別人對於你的批評，你會把它放進心裡面，然後折磨自己，檢視自己真的做得不夠好嗎？然後細心地回想：「我到底做錯了什麼？」

但很多時候，並不是你的錯。

你一定要記得，改變別人不是你的責任，不是你的義務。

你可能任意的、隨意的、開心的幫助別人，但那個人要不要改變，不是你的責任。這樣你才能夠放輕鬆。

菩薩不希望在未來的日子裡，你還有委屈放在心裡，希望你一直都是開心快樂的。

開心一點，不要管太多別人的事，操心那麼多，苦了自己。

菩薩希望你不要再流眼淚了，因為在流這些眼淚的過程當中，都只是一直不斷地在檢視、檢討你自己。但有些眼淚是不值得流的，因為錯在於他人。你再檢討、再執著，也未必會為你帶來你想要的答案。

還不如就放下手，讓這些人去學習他應該要面對的課題，而不是你在那邊流眼淚，為了幫他們學習、成長跟反省。

遇到一件事情，不要為了別人的錯檢視你自己，你無須一直不斷地檢討你自己。

如果是對方的錯，他不願意檢討，問題還是一樣存在著。你不要把過錯都攬在自己身上來。

菩薩希望你學習著，自己要什麼便能主動去爭取，而不是被動地等別人分配。

不要委屈你自己，等著用別人剩下的，等別人分配給你。你想要的，你當然可以主動去爭取。

勇敢追尋自己的夢想

●看見別人為了自己的夢想，勇敢追尋，而我覺得自己是個沒有夢想的人，因為總覺得自己永遠有為他人做不完的事情，怎麼可能擁有自己的夢想？

這段時間的學習成長，你看到了自己成長了很多，領悟了許多，知道做什麼事情可以讓自己過得更好。

除了照顧家人之外，你還要懂得照顧自己的心情。你想要什麼，你要告訴自己努力地去爭取，而不是只看見別人需要什麼，就付出給別人。

可以給予方法，但是不要直接給予幫助，不然的話，這樣子你會累倒，所有的壓力都會聚集在你身上，你找不到適當的點宣洩，你便只能夠埋怨自己，或感到委屈、哭泣而已。

菩薩希望，在未來，你能夠找到自己的快樂，找到自己真正想做的事情，而不是為了別人去做這件事情。

菩薩說，你很會照顧別人，但是不會照顧自己。你很會為別人付出，但是不知道自己要什麼。

有時候，不要只看別人需要什麼，也要看看自己，停下腳步來，看看自己需要什麼，不能夠一味的為別人付出。

有時候，真的要想清楚做什麼是對自己最好的，不要再受委屈了，就算有委屈，哭一哭，選擇不要了，就斷捨離，不要讓別人有欺負你的任何機會跟理由。

為了生活，你犧牲了很多；為了要成就一個家，也付出了很多。

菩薩知道你辛苦了，但一定要注重自己的身體健康，不要去在意別人對你的批評，要能夠放下別人對你的評論。

勇敢的做你自己，快樂的做你自己想做的事情，才能讓很多事情事半功倍、得心應手。

在這些生活當中，所有的事情都是小事。什麼樣的事情是大事？就是能讓你

開心、自在、快樂、幸福的事情，那就是大事。

菩薩說，一直以來，你都是一個報喜不報憂的孩子，很勇敢地在別人面前展現旺盛的生命力。

但其實，自己也有委屈的時刻，也有後悔的過程。

菩薩希望你在未來的日子裡，沒有太多的後悔，永遠是以自己想做的事為優先，放下太多的委屈，放下不開心的過程，尋找自己的快樂，找回自己的自信。也就是找到你自己想做的事情，把別人的委屈、自己的委屈都放下、放掉。

●我很努力的去照顧身邊的家人朋友，漸漸地沒有了自己的夢想，我很想要找回自己的心，做自己想要做的事情，請問菩薩我可以這樣嗎？

菩薩說，這一生的你一直很努力、很努力地去做好別人要你做好的事情，所以你很努力地去創造別人眼中的你自己。但那未必是你真正想做的你，但是你也做了，你也接受了，是因為你覺得別人開心就好，所以你要成就的是別人的開心，未必是自己的開心。

菩薩希望你兩年之後開始做自己要做的事，開始學習照顧自己的心，照顧你自己想要做的事情，而不要再委屈你自己、壓抑你自己，因為你真的很不快樂。

菩薩不希望那個不快樂的你，最後會壓得你喘不過氣來。

所以兩年之後，你可能要學習真正照顧你自己，好嗎？

這樣子為別人付出，別人會認為：「這理所當然的啊！因為你一直都是這樣子做，你怎麼忽然間說不做就不做了？你也太不負責任了。」

但那個責任未必是你以前就應該要負的啊！不是嗎？

所以有時候，會不會養壞了別人？

●心中有慈悲，感同身受他人的苦，如何才是真正的人間菩薩道？

時時都能夠感同身受別人的苦痛，是因為你具有慈悲、柔軟的心。

但在這個善良、面具底下，隱藏著很多自己吃苦、自己自找苦痛的傷痛。

也就是說，當有時候別人並不喜歡你的當下，你還是會努力地想要去爭取別人對你的喜愛，所以會拋開你的自尊，會捨棄了自己，然後去迎向別人。

這個時候，菩薩看在眼裡是心疼的，因為看見了你捨棄了自己，去迎合了別人，只為了別人方便，只為了方便別人，而不是為了你自己的開心。

菩薩希望你現在開始，不要做一個討別人歡喜的人，而要做一個真正能讓你自己喜歡自己的人。

不要因為做了什麼事情讓別人高興，別人就跟你在一起，別人就喜歡你。當他不喜歡你的時候，他又不把你當人看。

菩薩希望你在做任何決定時，要善待你自己，不要委屈你自己。

因為過去的你，太在意別人對你的看法了，別人說的每一件事情都會刻畫在你的心上，有時候，會受到一些折磨、一些磨難，那就會讓你變得沒有自信，開始希望去討好別人，這些都沒有辦法讓你快樂起來。

所以，未來做任何事情，無論如何，就是要讓自己快樂，而不是為了要讓別人喜愛或是討好別人。

你花了很多的力氣，一直不斷地討好別人，最後，可能討好不了別人，還遭來耳語，這會讓你心裡感到受傷。

在你過去的人生道路當中，其實受了很多的傷、很多的委屈，也一直不斷地反省著自己。

菩薩說，適時適切地知道內心想要的，並找到圓融的方法及態度，去讓自己成為更好的你。

不是捨棄掉自己原有的夢想，不只是觀看別人的喜怒哀樂，而是做著自己真正想要做的事。

當你意識到別人不開心，你就不敢去做；當別人覺得他不想要你去做這件事，你就捨棄掉自己想要的，長久之後，你會慢慢地失去想做的動力。

菩薩希望你擁有一個非常強盛的行動力，做你想做的，就算堅持、就算再辛苦，也是做你想做的，而不是別人要你做的。

{好書推薦。}

智在心靈 057

菩薩心語4
菩薩慈眼視眾生

暢銷作家　黃子容 著

有的時候，我們什麼都看不見，

但因為我相信，所以我們前進了，

往未來的路上前進了。

不是因為看見了幸福才堅持，

而是因為堅持了，

才看見了我想要的幸福與美好。

好書推薦。

智在心靈 054

念轉運就轉20
放手才能握緊幸福

暢銷作家　黃子容 著

放下，才是緊握幸福的開始。
擁有很多愛的人，會療癒你身上的痛。
你相信愛，愛情就會來到。
你相信幸福，便開始幸福了。

智在心靈 055

菩薩心語3

暢銷作家　黃子容 著

好書推薦。

勇敢不是不害怕不恐懼，
而是心中雖然害怕恐懼，
仍會繼續勇敢向前。
你有多勇敢，就有多幸福。
帶著愛，堅強勇敢的向前行。
人生總有些困難，但只要你願意，
拿出勇氣與愛，必定能夠突破難關。
善的循環，有一天會回到你的身上來。
擁有滿滿的愛與能量，
一點也不害怕前方的困境，
相信這份堅定與勇敢，
可以帶給你更多的幸運。

好書推薦。

智在心靈 056

念轉運就轉21
一切都會過去的

暢銷作家　黃子容 著

人生中，
不管心痛、煎熬、開心或快樂，
人生中的酸甜苦辣都在那個當下，
所有的痛苦都會結束，
所有的難關都會過去，
堅定你的心念，
一切都會過去的。

國家圖書館出版品預行編目資料

與菩薩對話. 6, 願心願行 / 黃子容著. -- 初版.
-- 新北市：光采文化，2019. 07
面； 公分. -- (智在心靈； 58)
ISBN 978-986-96944-4-5(平裝)
1. 人生哲學 2. 修身
191.9 108010852

智在心靈 058
與菩薩對話6 願心願行

作　　者	黃子容
主　　編	林姿蓉
封面設計	顏鵬峻
美術編輯	陳鶴心
校　　對	黃子容、林姿蓉
出 版 者	光采文化出版事業有限公司 新北市永和區中正路454巷6-1號1樓 電話：(02) 2926-2352 傳真：(02) 2940-3257 http://www.loveclass520.com.tw
法律顧問	鷹騰聯合法律事務所　林鈺雄律師
製版印刷	皇輝彩藝印刷事業有限公司

2019年07月初版

總經銷：大和書報圖書股份有限公司
地　址：新北市新莊區五工五路二號
電　話：(02) 8990-2588
傳　真：(02) 2290-1658

定價 300 元
ISBN 978-986-96944-4-5
Printed in Taiwan

luminosity

luminosity